新时代生态文明体制改革与环境法典编纂研究丛书

总主编 / 陈海嵩

国家社科基金重大项目"新时代生态文明建设目标评价考核制度
优化研究"（22&ZD138）阶段性成果

生态环境党内法规制度研究

Research on the Party's Regulations and Systems of Ecological Environment

陈海嵩　著

WUHAN UNIVERSITY PRESS

武汉大学出版社

图书在版编目(CIP)数据

生态环境党内法规制度研究 / 陈海嵩著 . -- 武汉：武汉大学出版社，2024.12. -- 新时代生态文明体制改革与环境法典编纂研究丛书 / 陈海嵩总主编 . -- ISBN 978-7-307-24685-0

Ⅰ. D922.684

中国国家版本馆 CIP 数据核字第 2024VH4004 号

责任编辑:胡　荣　　　责任校对:鄢春梅　　　整体设计:马　佳

出版发行: **武汉大学出版社**　　(430072　武昌　珞珈山)

(电子邮箱: cbs22@ whu.edu.cn　网址: www.wdp. com.cn)

印刷:湖北云景数字印刷有限公司

开本:720×1000　1/16　印张:9.25　字数:148 千字　插页:2

版次:2024 年 12 月第 1 版　　2024 年 12 月第 1 次印刷

ISBN 978-7-307-24685-0　　定价:48.00 元

目　　录

第一章　中国环境法治发展的总体结构 ································· 1

第一节　"生态文明入宪"所形成的宪法秩序 ······················ 2

一、解释基准的确立 ··· 3

二、修改后宪法序言的规范含义 ······························· 5

三、国务院"领导和管理生态文明建设"的规范含义 ············· 8

第二节　当代中国环境法治发展的特点 ··························· 9

一、中国环境法治发展的自主性 ······························· 10

二、中国环境法治发展的多样性 ······························· 11

三、中国环境法治发展的阶段性 ······························· 12

第三节　党的领导是中国环境法治发展的核心要素 ··············· 13

一、通过党的领导确立环境法治发展方向 ······················· 14

二、通过党的领导保障环境法治的有效实施 ····················· 16

第二章　党内法规制度：党领导环境法治形成的新型规则 ········· 18

第一节　生态环境国家政策的发展与转型 ······················· 18

第二节　生态环境党内法规制度的界定：两类规范形态 ··········· 22

第三节　生态环境党内法规制度梳理及规范效力 ················· 27

一、对生态环境保护行政权的配置与行使进行直接调整 ··········· 30

二、对党政领导干部所承担生态环境保护责任的直接调整 ········· 32

三、生态环境保护督察对督察对象的规范要求 ··················· 33

四、其他领域生态文明体制改革措施对国家及社会事务的调整 ·········· 35

第三章　生态环境党内法规制度的规范内涵 ·········· 37

第一节　生态环境党内法规(狭义)的规范内涵 ·········· 38

第二节　生态环境党的规范性文件之规范内涵 ·········· 41

一、党的规范性文件效力之研究 ·········· 42

二、生态环境保护领域中党的规范性文件所发挥的效力 ·········· 44

三、党的规范性文件产生规范效力的要件 ·········· 52

第三节　生态环境党内法规制度与国家法律的关系 ·········· 58

一、通过党内法规制度对国家立法的缺陷与空白进行弥补 ·········· 59

二、通过党内法规制度对国家法律进行变革 ·········· 60

三、通过党内法规制度对国家法律中的原则性规定予以细化 ·········· 62

第四章　生态环境党内法规制度典型领域的规范分析

　　　　——以生态环境保护督察为例 ·········· 64

第一节　生态环境保护督察的双重属性及总体构造 ·········· 65

一、生态环境保护督察的规范依据 ·········· 65

二、生态环境保护督察的复合性功能 ·········· 67

三、生态环境保护督察的规范体系 ·········· 68

第二节　生态环境保护督察制度的内部规范构造 ·········· 69

一、生态环境保护督察的实体性规则 ·········· 69

二、生态环境保护督察的程序性规则 ·········· 76

第三节　生态环境保护督察制度的外部规范构造 ·········· 81

一、生态环境保护督察制度外部规范的总体要求 ·········· 81

二、生态环境保护督察与综合行政执法的协同机制 ·········· 83

三、生态环境保护督察与环境公益诉讼的协同机制 ·········· 85

四、生态环境保护督察与生态环境损害赔偿的协同机制 ·········· 91

第五章　生态环境党内法规的实施及保障机制 ·········· 95

第一节　规范实施是生态环境保护党内法规建设的重要命题 ·········· 95

一、生态环境党内法规制度实施的研究现状 ·········· 96

　　二、生态环境党内法规制度实施的时代需求 ……………………… 97

　第二节　生态环境保护党内法规实施的规范路径 ………………… 98

　　一、生态环境党内法规制度实施的核心内涵 ……………………… 98

　　二、优化生态环境党内法规制度实施的总体要求 ………………… 100

　第三节　生态环境保护党内法规制度的保障机制 ………………… 104

　　一、生态环境党内法规保障机制的规范内涵 ……………………… 104

　　二、建立健全生态环境党内法规保障机制的总体要求 …………… 107

第六章　生态环境党内法规制度纳入环境法典的规范方案 ……… 111

　第一节　生态环境党内法规制度纳入环境法典的正当性 ………… 111

　　一、充分体现环境法典所内含政治性的必然要求 ………………… 112

　　二、贯彻党的领导、推进中国特色社会主义法治体系建设的

　　　　必然要求 ……………………………………………………… 113

　　三、面向中国环境法治实践、有效回应生态文明体制改革的

　　　　必然要求 ……………………………………………………… 114

　第二节　生态环境党内法规制度纳入环境法典的规范模式及定位 … 120

　　一、生态环境党内法规制度纳入环境法典的模式选择 …………… 120

　　二、生态环境党内法规制度纳入环境法典的规范定位 …………… 121

　第三节　生态环境党内法规制度纳入环境法典的规范路径 ……… 123

　　一、在环境法典"一般规定"中明确党的领导原则 ……………… 124

　　二、在环境法典"公权力主体"部分设立引致条款和兜底条款 … 124

　　三、在环境法典"私主体权利义务"部分设立引致条款 ………… 126

　　四、设立生态环境保护督察的专门条款 …………………………… 126

参考文献 …………………………………………………………………… 128

后记 ………………………………………………………………………… 141

第一章 中国环境法治发展的总体结构

环境法的兴起与迅速发展，是 20 世纪 70 年代至今世界各国法律发展的突出现象，也是我国改革开放以来法治建设的重要内容。根据马克思主义基本原理，法律发展并非一个封闭、孤立的变化过程，而是与其所属国家甚至更大地域范围内的社会变迁具有紧密联系，需要将法律发展现象放置在特定的历史背景与社会生活条件之中加以认识。① 对近年来中国环境法治发展成果及其未来发展方向的认识，同样需要围绕相应的历史背景和社会条件而展开，需要建立在最大限度的社会共识基础之上。

具体而言，新时代中国环境法治发展的历史背景，是党的十八大以来大力强化生态文明建设的实践经验与丰富成果；中国环境法治发展的社会条件，是人民群众对美好生活的向往及改善环境质量的迫切要求。基于宪法在法秩序中的核心与统摄地位，上述历史背景与社会条件集中反映在 2018 年 3 月由全国人民代表大会审议通过的宪法修正案之中。"生态文明入宪"是 2018 年修宪的重要内容和突出亮点。在总体上，"生态文明入宪"对环境法治发展的影响及提出的任务包括如下三个层面：（1）从法律与社会变革的宏观视角看，"生态文明入宪"是习近平新时代中国特色社会主义思想在宪法中的体现，是对十八大以来我国生态文明建设理论与实践成果的提炼②，构成了中国环境法治发展进程中的重大标志性事件，代表着中国生态文明建设及环境法治的新阶段、新起点；（2）从形成环境法治体系的中观视角看，为彰显"生态文明入宪"的价值与意义，使宪法规定能够真

---

① 公丕祥：《马克思的法律发展思想及其当代意义》，载《中国社会科学》2017 年第 10 期。

② 赵贝佳：《有关部门负责人和专家学者解读"生态文明入宪" 为建设美丽中国夯实根基》，载《人民日报》2018 年 3 月 31 日。

正落实到社会生活与法治实践之中，需要对"生态文明入宪"的规范含义进行专门分析，体现宪法对环境法治发展的价值导向与规范指引功能，凸显中国特色社会主义环境法治体系的整体性、规范性与逻辑性；（3）从法律制度发展与完善的微观视角看，"生态文明入宪"对环境法的具体制度建构具有指导意义，需要对实践中的环境法律问题提供合理的解释与完善的对策，将理论创新成果服务于实践创新、制度创新。

　　把握历史趋势、反映时代精神是理论学说具有生命力的基本条件。马克思主义哲学强调，每一个时代的理论思维都是历史的产物，在不同的时代具有不同的形式，同时具有不同的内容。在历史与现实相统一的意义上，本次"生态文明入宪"高度凝练了中国环境法治发展的实践经验与理论概括，是适应新时代中国生态文明建设需要而形成的规范形态，反映出契合当前中国环境法治发展阶段的"时代的理论思维"。特别需要注意的是，在 2020 年《中华人民共和国民法典》（以下简称《民法典》）颁布之后，总结运用《民法典》编纂的有益经验、在条件成熟时推动其他立法领域法典编纂工作已成为各方面的共识①。根据全国人大常委会立法工作计划，我国环境法典编纂工作已经正式启动。这无疑是当前及未来相当长时间内中国环境法治最为核心、最为重要的内容。为更好地呈现环境法治发展中理论与实践的互动，本章主要围绕中观视角而展开，以期揭示"生态文明入宪"对中国环境法治发展的价值塑造，从宪法的高度总结、提炼我国环境法治的总体结构，展示环境法治发展的中国经验，明确生态环境党内法规制度的理论背景。

第一节　"生态文明入宪"所形成的宪法秩序

　　理解当代中国环境法治的发展道路，需要围绕"生态文明入宪"及其规范含义进行学术研究和理论阐释，揭示其在根本法意义上对部门法（环境法）发展所形塑的基本宪法秩序。而对"生态文明入宪"规范含义的恰当理解，意味着围绕宪法中相关条款而进行法律解释活动，以保障法的安定性与可预测性。就宪法解释的具

---

　　①　金歆：《认真总结民法典编纂经验　积极推动民法典贯彻实施》，载《人民日报》2021年4月16日，第2版。

体方法而言,一般认为文义解释具有优先性,即如果文义足够清楚,就应认为已有解释结论(制宪者的原意或者说宪法条文的原初含义),不必再使用其他解释方法①。从本次修宪的"制宪者原意"看,"生态文明入宪"是基于中国特色社会主义事业发展的需要②,为实现"美丽中国"、推动生态文明建设提供了基础性指引与依据。但也需要看到,从法学的规范视角分析,上述立宪原意更多的是对党和国家发展方向的政治宣示,具有总体性、抽象性、原则性,但规范性尚有不足,属于"形成法律的理由"但不是严格规范意义上的"法律本身"③,还需要结合其他方式得出规范性结论。

因此,仅凭文义解释方法,无法全面、深入地推导出本次"生态文明入宪"相关条款的规范含义,需要综合运用目的解释、体系解释、历史解释等方法加以补充。具体而言:

一、解释基准的确立

任何法律解释活动,都必须建立在正确的解释基准之上,避免出现"南辕北辙"的情况。这一点在宪法领域尤为重要,即宪法解释不得超出宪法的价值判断范围与整体价值脉络。然而,由于前述文义解释的局限性,这给我们正确判断本次"生态文明入宪"的解释基准带来了一定困扰,无法直接根据宪法文本加以确定而有待于其他解释方法的填补。此时,需要借助目的解释等方式来作出合理推断。概言之,需要首先明确的问题是:本次修宪"生态文明入宪"的目的究竟为何?或者说,修改后的我国宪法是以怎样的规范形式纳入生态文明建设的时代要求?

从历史来看,自 20 世纪 60 年代环保运动兴起以来,在宪法中纳入环境保护

---

① 参见张翔:《宪法释义学:原理·技术·实践》,法律出版社 2013 年版,第 92~118 页。

② 根据本次修宪的权威解释,有关"生态文明入宪"的三处修改,是对中国特色社会主义事业"五位一体"总体布局的充实,也是对党的十九大所确立奋斗目标的宪法确认,引导全党全国人民把握规律、共同奋斗。参见王晨:《关于〈中华人民共和国宪法修正案(草案)〉的说明》,第十三届全国人民代表大会第一次会议,2018 年 3 月 5 日。

③ "形成法律的理由"和"法律本身"两者的区分,参见[德]卡尔·拉伦茨:《法学方法论》,陈爱娥译,商务印书馆 2003 年版,第 353 页。

内容成为各国宪法发展的趋势所在。总体来看，"环境保护入宪"包括两种基本模式，一是在宪法中加入环境权的规定；二是在《宪法》中加入环境基本国策，将环境保护作为国家的政策目标与行为义务①。我国早在 1978 年《宪法》之中（第 11 条第 3 款）就加入了环境保护的内容，并为现行 1982 年《宪法》所承续（第 26 条和第 9 条第 2 款）。就规范含义而言，现行《宪法》第 26 条和第 9 条第 2 款共同构成了我国的环境基本国策，具有"国家目标条款"的规范效力，应解释为国家环境保护义务在宪法上的确立并对所有国家公权力构成约束②。考察本次修宪过程，对原有的国家环境保护义务条款予以全部保留（现行《宪法》第 26 条和第 9 条第 2 款未做任何改动），表明我国宪法仍然延续了之前"环境保护入宪"的基本模式，即在宪法中规定环境保护的国家政策目标及国家义务，而不是直接规定"环境权"。实际上，对各国宪法中的环境权条款进行实证研究可知，宪法环境权同传统基本人权有较大差别，并不是能够直接适用的"主观权利"，其法律效力应在"客观法"面向上加以理解，需要由立法权、行政权、司法权等国家权力采取措施加以积极完成，但不能作为司法救济的直接依据③。由此可见，国家环境保护义务是理解中国环境宪法的核心与关键，构成了相应宪法解释的基准，即所有国家权力负有积极实现环境公共利益的职责，实现"环境国家"。

另外，考察本次修宪的具体内容可见，"生态文明入宪"所包含的三处修改均围绕国家发展目标及国家公权力而展开，并没有任何"权利宣示"，也直接佐证了前文论述。在这一意义上，我国宪法是将生态环境保护作为国家一项重要的客观法义务，此次宪法修改进一步强化和完善了相应的国家义务规定④。因此，本次"生态文明入宪"的基本精神在于国家环境保护义务的拓展与深化，是我国宪法环境保护条款的进一步发展，以顺应生态文明建设的时代趋势及国家战略。这为我们理解具体条款的规范含义提供了总体性框架。

---

① 吴卫星：《生态危机的宪法回应》，载《法商研究》2006 年第 5 期。

② 陈海嵩：《国家环境保护义务的溯源与展开》，载《法学研究》2014 年第 3 期。

③ 在这一意义上，有研究指出宪法环境权并不能实现环境公益保护之目标，是一种"概念游戏"。参见陈海嵩：《环境权实证效力之考察：以宪法环境权为中心》，载《中国地质大学学报（社会科学版）》2016 年第 4 期。

④ 张翔：《环境宪法的新发展及其规范阐释》，载《法学家》2018 年第 3 期。

二、修改后宪法序言的规范含义

2018 年"生态文明入宪"对《宪法》序言第七自然段进行了两处修改。就法律效力而言，我国《宪法》序言的第七到第十三自然段属于规范性语句，奠定了我国现行宪法秩序的基础，具有不可置疑的法律效力。① 总体上看，第七自然段是《宪法》序言的核心构成部分，是对国家根本任务的规定，国家权力负有积极实现的宪法义务。② 在此基础上，可以对相应条款的规范含义做如下分析：

1. 对"推动物质文明……生态文明协调发展"的解释

本处修改在原先的"推动物质文明、政治文明和精神文明协调发展"表述中加入"社会文明"和"生态文明"，在宪法上明确了生态文明建设在中国特色社会主义事业"五位一体"总体布局中的地位，将生态文明建设纳入"国家根本任务"的范畴，对所有国家权力及国家机关具有法律约束力。从宏观角度看，该表述承载了在新的历史条件下实现民族复兴与国家强盛的宪法功能，形塑了国家权力通过积极作为实现"五位一体"布局的宪法秩序。"相较普通法律，宪法的内容常常会被定义为基础性的、作为实证法秩序存在前提条件的诸种价值。"③因此，该处规定为国家环境保护义务提供了价值基础，对部门法领域也具有价值先定性，即基于宪法在价值上对具体立法的限定与辐射作用，确保社会主义法律体系内的所有相关立法能够对生态文明建设的国家任务予以具体落实。

2. 对"把我国建设成为……和谐美丽的社会主义现代化强国"的解释

本处修改将原先的"把我国建设成为富强、民主、文明的社会主义国家"的表述调整为"把我国建设成为富强民主文明和谐美丽的社会主义现代化强国"。该处修改与前述修改同样位于《宪法》序言第七自然段，位于该段的结尾处，在语义逻辑上应视为对《宪法》序言第七自然段的总结，具有目的性，即包括中国特色社会主义事业"五位一体"总体布局在内的诸项国家根本任务，是为了实现"富强民主

---

① 相关文献，参见李龙：《宪法基础理论》，武汉大学出版社 1999 年版，第 162～165 页；许崇德：《中华人民共和国宪法史》，福建人民出版社 2003 年版，第 770～772 页。

② 陈玉山：《论国家根本任务的宪法地位》，载《清华法学》2012 年第 5 期。

③ ［德］康拉德·黑塞：《联邦德国宪法纲要》，李辉译，商务印书馆 2007 年版，第 5 页。

文明和谐美丽的社会主义现代化强国"的国家目的。本次修宪中将原先"建设成为……社会主义国家"的表述修改为"建设成为……社会主义现代化强国"也显然具有明显的目的性，进一步佐证应将其视为决定"国家根本任务"的国家目的。从另一个角度看，国家任务的确立，须来自宪法上国家目标的设定，即国家目标指出广泛的政策领域，依宪法的意旨，国家应给予这些政策领域特殊的关注①。这样就在逻辑上和结构上对修改后的《宪法》序言第七自然段进行了更为细致的技术化处理，可以解释为：中国特色社会主义事业"五位一体"总体布局是对国家根本任务的宣示，具有手段性和阶段性，是为了实现包括"美丽中国"在内的国家目的。

3. 对《宪法》序言修改的整体解释

在对《宪法》序言第七自然段相关修改内容分别进行解释后，还需要从整体的视角加以审视。法律解释必然是体系性的，对法律规范的解释要受到该规范之意义脉络、上下关系、体系地位等方面的限制②。结合《宪法》文本观之，体系解释的必要性还在于，修改后的《宪法》序言第七自然段对生态文明建设之"国家根本任务"规定，在语义上与《宪法》原有的环境保护条款(第 26 条和第 9 条第 2 款)具有一定的重合性，即都以国家权力及国家机关为规范对象；相关国家机关均有义务积极采取措施，实现"美丽中国"的国家目标。为使新增的"生态文明入宪"规定与原有的国家环境保护义务规定相互协调统一，自有必要在法律技术上加以一定的区分，通过宪法规范的内在关联性最大化地发挥"生态文明入宪"的规范效力。

由此，需要对《宪法》序言第七自然段进行更为全面的分析。应当看到，在该段宣示"国家根本任务"及国家目的之前，有一句话作为本段的起始，即"社会主义事业的成就，是中国共产党领导中国各族人民……而取得的"的历史性陈述。同时，在"国家的根本任务是……"之后，有"中国各族人民将继续在中国共产党领导下"的表述。从宪法教义学角度分析，该句中的"将"是对国家未来发展的指

---

① [德]施密特·阿斯曼：《秩序理念下的行政法体系建构》，林明锵等译，北京大学出版社 2012 年版，第 148 页。

② [德]卡尔·拉伦茨：《法学方法论》，陈爱娥译，商务印书馆 2003 年版，第 316 页。

引和要求,具有"应当"的规范内涵①,是对中国共产党领导地位的规范性表述。基于此,《宪法》序言第七自然段既具有法律属性,也具有政治属性;不仅仅涉及国家权力及国家机关,更直接关联到作为执政党的中国共产党,对包括执政党在内的政治权力确立了行为目标及宪法义务。《宪法》序言具有确认政治权力正当性、阐明政治共同体价值共识的功能,其法律效力不能局限于司法适用的效力,而是在国家生活中发挥着实质上的约束力。② 中国共产党"立党为公、执政为民"的宗旨,表示其承担着国家富强、人民幸福、民族复兴的伟大使命,承担着推进生态文明建设的责任并在党的章程中加以明确宣示③;这一现实中的政治责任通过《宪法》序言的上述规定,转化为具有约束力的宪法规范。这就意味着,《宪法》序言第七自然段中"国家根本任务"的规定,不仅仅对所有国家权力及其机构形成了宪法义务,更是对执政党提出的具有约束力的明确要求;作为执政党的中国共产党,承担着实现中国特色社会主义事业"五位一体"总体布局、推进生态文明建设的重要责任,体现出党的领导与社会主义法治的一致性。正如习近平总书记所强调的:"党自身必须在宪法和法律范围内活动,真正做到党领导立法、保证执法、带头守法。"④在这一意义上,《宪法》序言中的"生态文明入宪"拓展了原有国家环境保护义务条款的规范对象,将执政党及各级党组织在生态文明建设中所担负的责任纳入宪法规范的涵摄范围。申言之,修改后的《宪法》序言第七自然段在国家根本法的高度明确了执政党在实现中国特色社会主义事业"五位一体"总体布局的责任,为生态文明建设及"美丽中国"国家目标提供了坚实的制度保障。

综上所述,《宪法》序言第七自然段及正文中的相关条款(第26条和第9条第2款)共同构成了落实"五位一体"国家任务、实现"美丽中国"目标的规范体系,

---

① 在立法者用"将"等未来时态语句时,往往是用来表达"当为"的内容。参见[奥]凯尔森:《法与国家的一般理论》,沈宗灵译,中国大百科全书出版社1996年版,第48页。

② 朱福惠、龚进之:《宪法序言的特殊功能及其法律效力》,载《江苏行政学院学报》2017年第1期。

③ 2012年11月党的十八大通过的《中国共产党章程》(修正案)中,首次将生态文明建设纳入中国特色社会主义事业总体布局。

④ 习近平:《在首都各界纪念现行宪法公布施行30周年大会上的讲话》(2012年12月4日),载全国人民代表大会网,http://www.npc.gov.cn/zgrdw/npc/zgrdzz/2012-12/26/content_1748541.htm,2023年7月10日访问。

其规范对象包括执政党及相关国家机关；从深化改革与制度创新的角度看，"生态文明入宪"的最大价值，是通过确认执政党在生态环境保护领域中的宪法责任，实现党的领导与社会主义法治的统一，引领我国环境法治的未来发展方向。

三、国务院"领导和管理生态文明建设"的规范含义

在本次修宪中，《宪法》第 89 条第 6 项中新增国务院"领导和管理生态文明建设"的规定，是行政机关（国务院）唯一增加的职权，目的是在国家机构层面上与《宪法》序言第七自然段的修改相适应①。该处修改的理由，在于行政机关在生态环境保护中具有不可替代的重要作用。应当看到，生态环境领域具有技术性、复杂性、综合性的特质，需要政府建立环境规制体系对各类生产活动进行持续监控，这是世界各国处理生态环境问题的通例②；西方国家的法治实践也表明，行政机关是履行环境保护国家任务的主要部门而在很大程度上摆脱了立法控制③。此时，立法机关和司法机关由于专业能力欠缺和信息的不对称，往往对行政机关的判断予以尊重。

基于上述分析，我国《宪法》第 89 条新增的国务院"领导和管理生态文明建设"规定，应解释为制宪者在生态文明建设事项上对行政机关的特别委托，属于宪法委托的特殊形式。通说认为，宪法委托是指宪法条文仅作原则性规定，而委托其他国家机关（特别是立法机关）之特定的、细节性的行为来加以贯彻。④ 在学理上，根据不同的适用对象，宪法委托可区分为"立法委托"和"宪法训令"两种类型。前者意味着"宪法规定明确且专属的委托由立法者来执行"，属于效力较强的、绝对的宪法委托；后者意味着某一宪法规定除了由立法者履行外，仍可由其

---

① 王晨：《关于〈中华人民共和国宪法修正案（草案）〉的说明》，第十三届全国人民代表大会第一次会议，2018 年 3 月 5 日。

② 谭冰霖：《环境规制的反身法路向》，载《中外法学》2016 年第 6 期。

③ 例如，1994 年《德意志联邦共和国基本法》增订第 20a 条"环境保护目标条款"，该条款对所有国家公权力均构成约束力，但由于该条款并未设定法律保留事项，事实上扩大了行政机关在国家整体架构中的自主地位，对行政机关提出了新的行政任务委托。参见［德］施密特·阿斯曼：《秩序理念下的行政法体系建构》，林明锵等译，北京大学出版社 2012 年版，第 151~155 页。

④ 陈新民：《德国公法学基础理论》（增订新版·上卷），法律出版社 2010 年版，第 198 页。

他国家机关(行政或司法机关)达成①。考察本次修宪,在明确赋予行政机关(国务院)"领导和管理生态文明建设"职能的同时,并没有对立法机关或司法机关作出类似的规定,这一宪法安排应解释为行政机关在实现生态文明建设国家任务、履行国家环境保护义务中具有特殊的重要地位,需要由宪法加以专门规定。简言之,行政机关因其专业性和主动性而获得宪法的特别委托,在生态文明建设上具有首要的职责。

第二节　当代中国环境法治发展的特点

通过对"生态文明入宪"规范内涵的分析,我们得以明晰制宪者在生态环境保护上的基本意图,其塑造了环境法治发展的整体结构与主要内容,为中国环境法治的深层次变迁提供了方向与基本路径,为形成具有中国特色的环境法治体系奠定了价值基础与基本框架。

环境法治体系是由一系列立法、执法、司法、守法活动所构成的有机整体,是实践主体基于理性思维和自觉行动所形成的成果;环境法治体系的构造,体现出对中国环境法治实践规律的把握和升华,是一个理性构建并形成理论的过程。一般而言,理论是对实践经验的提炼、总结与揭示,现实的法律实践是形成法律理论的基础。但根据理论自主性、逻辑性与反思性的要求,为避免沦为庸俗的"经验主义",并不是所有现实中的法律活动都适宜成为提炼相应理论的来源。在哲学上,只有其目的的实现被设想为某种普遍规划过程的原则之后果的,才被叫作实践。② 总体而言,环境法治发展及其理论是一个以宪法为中介的选择性过程,即在宪法所确立的价值秩序与整体框架之内,将已经被证明有助于实现环境法治目标(实现美丽中国)与根本任务("五位一体"总体布局)的法律实践活动加以梳理、概括、抽象与提炼;同时,基于宪法在中国特色社会主义法治体系中的统摄与核心地位,所提炼的环境法理论命题需要在《宪法》文本中加以体现和规

---

① 陈新民:《德国公法学基础理论》(增订新版·上卷),法律出版社 2010 年版,第205~207 页。

② [德]康德:《历史理性批判文集》,何兆武译,商务印书馆 1996 年版,第 164 页。

范。正是在这一相互影响、相互构造的过程之中，中国特色社会主义环境法治体系得以生成并不断完善。从实践角度看，本次修宪的一个主要理由正是"根据新时代坚持和发展中国特色社会主义的新形势新实践，把党和人民在实践中取得的重大理论创新、实践创新、制度创新成果通过国家根本法确认下来"①。这为上述观点提供了现实佐证。基于此，本次"生态文明入宪"既是对中国环境法治发展实践经验的规范化表达，也是中国环境法治发展理论成果的高度凝练与宪法确认，体现了理论逻辑与实践逻辑的统一。回顾十八大以来环境法治发展与变革的历史进程，以现行宪法为规范依据，可以提炼出三个方面的典型措施，构成中国环境法治体系的基本理论命题，包括：执政党在推动环境法治发展中的领导核心地位；环境立法、执法、司法领域的全面深化改革；行政权与其他国家权力之间的协调与互动。上述三个基本理论命题在实践中互动所形成的多元关系，从横断面观察就构成了当代中国环境法治发展的整体结构，形成了具有中国特色的环境法治体系。

概览中国环境法治实践及形成的环境法治体系，可以看出，在十八大以来加强生态文明建设的历史背景与时代趋势之中，在多方面因素的持续互动、影响与构造之中，具有中国特色的环境法治发展道路逐步得以呈现，具备了多个角度的拓展空间并对环境法治实践具有指导意义。具体可概括为以下三个方面的特点：

一、中国环境法治发展的自主性

在整体性视角中，自主性是环境法治发展的首要特质，可概括为"自主型法治进路"，即以适应中国国情、解决中国实际问题为基本目标，立足于自我法治和自主创新②。"要弄清一种社会秩序向另一种社会秩序的转型，关键在于理解制度变迁的动力源在哪里。"③经前文分析表明，近年来中国环境法治发展是在党

---

① 王晨：《关于〈中华人民共和国宪法修正案（草案）〉的说明》，第十三届全国人民代表大会第一次会议（2018 年 3 月 5 日），载新华网，http：//www.xinhuanet.com/politics/2018lh/2018-03/06/c_1122496003.htm，2023 年 7 月 10 日访问。

② 参见顾培东：《中国法治的自主型进路》，载《法学研究》2010 年第 1 期。

③ ［美］道格拉斯·C.诺思：《制度、制度变迁与经济绩效》，杭行译，格致出版社、上海三联书店、上海人民出版社 2008 年版，第 41 页。

的领导下、以深化改革为中心的制度变迁过程并得到宪法确认，这分别揭示了中国环境法治发展的动力源泉和基本路径。前述中国环境法治体系三个方面的基本命题，并不是将西方某种"先进"理念或制度简单移植到中国，而是具有显著的本土意识，均从中国实际和现实问题出发并得到了实践的检验，其赋予中国环境法治自主性的品格，自主性精神的内化则构成了中国环境法治发展的起点与归宿。

中国环境法治发展的自主性，为世界范围内的环境法治拓展了全新的空间。当代中国是经济社会发展不均衡、不充分的发展中大国，同时也是后发型现代化的代表国家，其面临生态环境问题的复杂性、综合性与层积性绝非西方发达国家的环保实践所能相比，需要形成与中国国情相适应的环境法治观念、理论与实践。从根本上说，中国环境法治发展取决于新形势下最高政治权力(作为执政党的中国共产党)推动生态文明建设及体制机制变革的坚定意志、使命担当和强有力措施，在生态环境领域验证了"全面深化依法治国关键在党"的判断；近年来生态文明建设的成就则验证了这一路径的有效性与合理性。这在一定意义上突破了传统上以西方发达国家为主要来源地的环境法理论与制度，开辟了实现生态环境领域"良法善治"的新途径。

二、中国环境法治发展的多样性

在共时性视角中，环境法治建设是国家治理体系与治理能力现代化的有机组成部分。在这一意义上，环境立法、执法、司法领域制度变迁的共性特征在于"先行先试"，是一种典型的"渐进型"法治发展道路，即在缺乏明确法律依据的情况下通过政策试点或地方自主创新推动生态环境领域的全面深化改革进程。从制度演化路径看，这一进程存在多种实践活动形式，塑造了中国环境法治发展的多样性和复杂性，拓展了推进环境法治发展的新领域。

以环境司法改革为例，包括两种主要路径：一是"地方自发创新—国家(上级)确认"的路径，典型方式是：各地司法机关在缺乏法律规定及相应政策的情况下(2012年《民事诉讼法》修改之前)，积极推动社会组织提起环境公益诉讼的司法实践以及环保法庭的创设，在随后获得《环境保护法》《民事诉讼法》等国家立法的确认及最高人民法院的认可。二是"中央顶层设计—地方试点—全国推广"的路径，典型方式是：将检察机关提起环境公益诉讼以及生态环境损害赔偿诉讼作为全面深化改革、推进生态文明制度建设的组成部分，通过最高国家权力机关的授权(2015 年 7 月全国人大常委会《关于授权最高人民检察院在部分地区开展公益诉讼试点工作的决定》)或高层级政策文件(2015 年 12 月中共中央办公厅、国务院办公厅《生态环境损害赔偿制度改革试点方案》)予以推动并形成制度实施的基本框架，在特定省份试点的基础上再在全国范围内推行。这两种方式都区别于传统上我国司法改革"自上而下＋自下而上"的双向推进范式①，并不是同时发挥上级法院和下级法院在改革创新上的"两个积极性"，而是表现为不同阶段"自下而上"或"自上而下"的单向推进过程，表明环境司法改革的复杂性，不能仅仅从单纯司法裁判的角度加以考察，而需要放置在地方法治与国家法治的互动关系中加以理解，从环境司法不同领域所面临的主要矛盾与改革目标加以把握；既需要通过地方的"先行先试"带动全国的制度创新，也需要通过顶层设计缓解国家与地方法治的差异，确保法治建设的整体推进。②

三、中国环境法治发展的阶段性

在历时性视角中，环境法治发展的进程是由我国社会主义初级阶段的基本国情所决定的，既不能逾越经济社会发展的特定阶段而急于求成，也不能滞后于实践的迫切需要而固步自封。环境法治发展的阶段性意味着其在不同的发展阶段面临不同的问题和任务，需要根据党的十九大所作出的我国社会主要矛盾(人民日益增长的美好生活需要和不平衡不充分的发展之间的矛盾)，采取多种策略性、创新性措施积极稳妥地推进环境法治建设。

以大气污染防治为例。近年来，日益严重的雾霾问题成为全社会高度关注的热点话题，而原先《大气污染防治法》所规定的"污染物总量减排"制度与总体上的环境质量改善缺乏联系，官方"减排考核"与公众感知之间存在较大的反差，不能满足提升公众获得感与幸福感的迫切要求。为解决这一问题，国务院在 2013 年 9 月发布《大气污染防治行动计划》(以下简称《大气十条》)，以改善大气环境

---

① 吴英姿：《调解优先：改革范式与法律解读》，载《中外法学》2013 年第 3 期。
② 付子堂、张善根：《地方法治建设及其评估机制探析》，载《中国社会科学》2014 年第 11 期。

质量为目标对地方政府提出明确的治理要求和整治任务；环保部与所有省份签订《大气污染防治目标责任书》，通过强化督查、专项督察、巡视、量化问责、年度考核、终期考核等一系列强有力的行政手段加以贯彻落实，被形象地称为"蓝天保卫战"并取得明显成效。上述措施相较于传统环境制度的差异，引发了雾霾治理措施合法性的讨论①。对此不能简单指责政府行为不符合法治原则，而应考虑到当前我国全面深化改革的时代背景，理解为政府在特定社会条件下履行环保职责、推进生态环境领域改革的需要。同时也需要注意到，尽管在 2015 年 8 月对《大气污染防治法》进行了修改，但对政府贯彻落实《大气十条》所采取的制度措施仍缺乏规定，亟待以政府行为为中心进行再次修订②，避免立法严重滞后于大气污染防治的实践而违反法治建设阶段性的要求。这一"政策突破—实践检验—立法确认"的过程，凸显了改革与法治的辩证关系，最终目的是实现"推进改革"和"于法有据"的平衡，体现出行政权与立法权在大气污染防治不同阶段中的协调与配合，展现了理论与实践的相互构造与相互影响，为环境法律制度创新提供了新的契机、拓展了新的空间。

第三节　党的领导是中国环境法治发展的核心要素

从前文对中国环境法治发展整体结构及其特点的分析中可以看到，党的领导无疑起到了决定性的作用。这也是中国特色社会主义法治建设最为核心、最为关键的特质。由于跨越式发展推进国家现代化的迫切需要，中国法治建设始终要坚持通过政策与法律来改变社会，始终坚持党的路线、方针和政策在法治秩序建构中的主导作用③。历史与现实决定了党的领导是中国特色社会主义法治体系建设的核心与关键，对中国环境法治发展具有深刻的影响。党的十九大报告强调"必

---

①　相关讨论及其文献，参见陈海嵩：《雾霾应急的中国实践与环境法理》，载《法学研究》2016 年第 4 期；张翔：《机动车限行、财产权限制与比例原则》，载《法学》2015 年第 2 期；竺效：《机动车单双号常态化限行的环境法治之辨》，载《法学》2015 年第 2 期。

②　徐祥民：《对修改〈大气污染防治法〉着力点的思考》，载《中国人口·资源与环境》2017 年第 9 期。

③　强世功：《从行政法治国到政党法治国》，载《中国法律评论》2016 年第 3 期。

须把党的领导贯彻落实到依法治国全过程和各方面，坚定不移走中国特色社会主义法治道路"。2018 年修宪进一步确认了中国共产党作为中国特色社会主义事业领导核心的地位，形成了我国宪法中"党的领导"规范体系。① 这构成了中国环境法治发展的最为关键、最为核心的要素。

研究表明，中国环境法治的发展与演化，特别是党的十八大以来的制度转型与创新，具有鲜明的"高位推动"特性，需要在更符合中国现实的"党政体制"视野中看待环境法治的发展。② 在环境法治发展过程中体现党的领导，本质上是基于现代社会中法律与政治在事实和逻辑上的紧密联系③，通过规范的方式保障、促进环境法治的制度变迁与演进，实现环境法律与政治的相互构造，推动生态环境保护领域的全面深化改革进程。根据十八大以来生态文明建设的创新实践，中国共产党领导、推动、引领环境法治发展并取得显著成效的一系列举措可归纳为两个基本方面的命题，为我国环境法治建设提供了根本遵循与规范指引。

一、通过党的领导确立环境法治发展方向

执政党对国家与社会各项事务重大决策与发展方向的领导与指引，是党的领导最为核心的内涵。党的十八大将生态文明建设纳入中国特色社会主义"五位一体"总体布局后，全国各地生态环境保护工作取得了长足进步，也日益进入"深水区"而面临着一些制度缺陷和体制机制障碍，急需形成适应新时期生态文明建设需要的国家治理体系。由此，生态文明体制改革成为当前生态环境领域的重点任务，也是未来我国生态文明建设的主要方向。2015 年 4 月，中共中央、国务院发布《关于加快推进生态文明建设的意见》，明确将"健全生态文明制度体系"作为生态文明建设的重点，加快推进生态文明体制机制改革；2015 年 9 月，中共中央、国务院印发《生态文明体制改革总体方案》并制定一系列配套改革措施，从"顶层设计"角度明确了生态文明体制机制变革的基本蓝图与路径，体现了党中央强化生态文明建设、深入推进环境法治转型的政治意志，确立了环境法治的总体

---

① 秦前红、刘怡达：《中国现行宪法中"党的领导"规范》，载《法学研究》2019 年第 6 期。
② 陈海嵩：《中国环境法治中的政党、国家与社会》，载《法学研究》2018 年第 3 期。
③ 姚建宗：《法律的政治逻辑阐释》，载《政治学研究》2010 年第 2 期。

发展方向。

　　将生态文明体制机制改革的政治意志转化为具体制度建构的任务，是由多层次的规范性文件加以完成的，发挥着多个层面的规范效力，主要表现为三种表现形式①：一是由中共中央办公厅、国务院办公厅联合印发，发文机关代字为"中办发"的文件，是在党与政府科层组织内下发的指导性文件，效力层级较高；二是由中共中央办公厅、国务院办公厅联合印发，发文机关代字为"厅字"的文件，是针对具体问题的通知类、公函类文件，此种类型最为常见；三是由国务院办公厅单独印发，发文机关代字为"国办发"的文件，属于传统意义上的"行政规范性文件"。上述不同层级、不同效力范围的规范性文件，共同构成了推进生态文明体制机制改革的"规范集群"，体现出党中央在生态环境领域深化改革的坚定决心和灵活举措，并通过其在实践中的落实在事实上构成了环境法律制度变迁与机制变革的主要依据，全方位、多角度地影响着环境法治的发展方向与完善路径。

　　在当代中国国家和社会治理体系之中，存在着法律规范、党内法规与党的政策、国家政策、社会规范共四大类规范体系，都对相应的行为起到指引和约束作用②。基于这一理论视角，从规范类型角度看，党的领导在生态环境法治中体现为以下三种情况：一是严格意义的生态环境党内法规，即符合《中国共产党党内法规制定条例》所规定的"七大类"标准的规范性文件③，包括《中央生态环境保护督察工作规定》《党政领导干部生态环境损害责任追究办法（试行）》《生态文明建设目标评价考核办法》等。二是重要的党内规范性文件，即以中共中央、国务院或者中办、国办的名义联合发文，针对某种生态环境保护的具体事项所提出的改革措施或实施意见，但在形式上不属于党内法规的"七大类"。这方面的代表包括《关于加快推进生态文明建设的意见》《生态文明体制改革总体方案》《生态环境损害赔偿制度改革方案》《关于深化生态环境保护综合行政执法改革的指导意见》

---

　　①　陈海嵩：《生态文明体制改革的环境法思考》，载《中国地质大学学报（社会科学版）》2018 年第 2 期。

　　②　刘作翔：《当代中国的规范体系：理论与制度结构》，载《中国社会科学》2019 年第 7 期。

　　③　根据 2019 年修改后《中国共产党党内法规制定条例》第 5 条、第 6 条的规定，党内法规的名称为党章、准则、条例、规定、办法、规则、细则，一般使用条款形式表达。这确立了党内法规在外在形式上的七种类别。

《建立国家公园体制总体方案》《关于全面推行河长制的意见》等。三是传统意义上的国家政策，即以国务院或国务院办公厅名义印发的规范性文件，例如《关于健全生态保护补偿机制的意见》《湿地保护修复制度方案》等。

二、通过党的领导保障环境法治的有效实施

通过各级党组织和广大党员，组织和带领人民群众来贯彻落实党的路线、方针与政策，并对广大党政领导干部提出政治伦理的要求并加以严格约束，是党的领导不可或缺的内容，为环境法治的实施提供了坚实的保障。一般而言，党政体制中的执法乃至所有公共行政都具有意识形态属性，在各个环节都表现出明显的意识形态导向。① 在近年来的环境法治实践中，这主要表现为通过中央环保督察和"最严格"的生态环境损害问责来监督地方党委政府履行环保职责、保障环境法治的有效实施，落实党中央关于生态文明建设的部署以及"执政为民"的根本政治伦理。

为确保实现"强化环境监管执法、监督地方党委政府履职"的国家意志，中央环保督察不同于传统意义上的"运动型治理"，而是通过各种方式形成了"常态化"的制度逻辑②，形成了监督、督促环境法律得以有效实施的体制机制，具体表现为两个方面：一是强化对地方党委政府的责任，充分利用中央在地方人事权与惩戒权上的总体性保留③及基于"党管干部"的一整套权力机制，将环保督察结果与地方党委政府主要领导干部的考核、升迁与惩戒相联系，通过组织（人事）部门问责、纪检监察机关问责、司法机关问责等多种方式强化督察权威，通过问责扭转、提升党员的思想认识和履职能力，迫使其积极采取措施改善生态环境质量，解决与人民群众根本利益密切相关的生态环境问题；二是通过一定的"科层化"形成环保督察的长效机制，注重制度建设和组织机构建设，在中央和省级分别设立了相应的工作机构（环保督察工作领导小组）并配置专职人员，建立了一系

① 刘圣中：《当代中国公共行政的组织基础》，复旦大学出版社 2013 年版，第 152 页。
② 陈海嵩：《我国环境监管转型的制度逻辑》，载《法商研究》2019 年第 5 期。
③ 在当代中国的转型发展中，地方自主权在财税等领域的自主权得到强化，但上级政府通过立法权、人事权、项目审批权等仍可以对下级政府进行控制。相关分析，参见何艳玲、汪广龙：《中国转型秩序及其制度逻辑》，载《中国社会科学》2016 年第 6 期。

列制度措施和工作程序，在专业化、规范化、程序化等方面已经具备了一定的科层治理特征，是执政党对环保督察工作进行组织领导的载体。

在环境法治转型发展的整体视野中，中央环保督察及相应问责是对 2014 年《环境保护法》中政府环境责任相关规定的完善与突破，通过确立"党政同责、一岗双责"原则将监督对象扩大到各级党委，有力推动了地方党委对环境保护工作的重视，督促地方政府履行环境保护职责，有效地解决了一批重大环境问题，提升了人民群众的获得感，成功地将生态环境保护的压力传导到全国各地，在很大程度上扭转了一直以来我国环境法律的实施难题，构成了我国生态文明建设的典型经验[1]。就法律规则而言，中共中央办公厅、国务院办公厅在 2015 年发布的《党政领导干部生态环境损害责任追究办法（试行）》以及在 2019 年发布的《中央生态环境保护督察工作规定》通过党内法规的方式，初步构建了中央环保督察及生态环境损害问责的制度体系。为将这一典型经验和已有规则予以更为充分的法律保障，需要通过适当方式加以制度化、规范化。本书后面将予以专门讨论。

---

① 高敬：《以中央环保督察促进绿色发展》，载新华网，http：//www.gov.cn/xinwen/2017-02/12/content_5167449.htm，2023 年 7 月 10 日访问。

第二章 党内法规制度：党领导环境法治形成的新型规则

第一节 生态环境国家政策的发展与转型

党的十八大以来，党中央相继提出生态文明的建设任务、改革任务、法律任务，我国的生态文明建设和环境保护进入"新常态"。① 这为中国生态环境法治提供了前所未有的发展机遇，环境立法、司法、执法等多个领域得到了全面推进与制度变革，推进的力度、速度、广度均"前所未有"，为生态文明建设提供了严密、坚实的法治保障，② 初步形成了规范化、体系化、法治化的生态文明制度，以实践验证了"保护生态环境必须依靠制度、依靠法治"③论断的合理性、正当性与现实性。在国家治理视野中，环境法治变革及相应制度创新是国家治理体系与国家治理能力现代化的有机组成部分，是实现生态环境领域"良法善治"的制度保障。在一般意义上，中国特色社会主义国家治理体系由三类制度所构成：以党章为统领的党内法规制度体系，以党的基本路线为统领的政策制度体系，以宪法为统领的法律制度体系④。基于这一基本架构，在我国生态环境治理中发挥重要作用的制度类别同样包含三种，即生态环境党内法规、党的生态环境政策、生态环境法律制度。从概念表述的形式逻辑上看，生态环境法治应由党内法规和国家法

---

① 周生贤：《主动适应新常态 构建生态文明建设和环境保护的四梁八柱》，载《中国环境报》2014 年 12 月 3 日，第 1 版。

② 刘毅：《建设生态文明 彰显使命担当》，载《人民日报》2017 年 10 月 14 日，第 5 版。

③ 《习近平关于全面深化改革论述摘编》，中央文献出版社 2014 年版，第 104 页。

④ 张文显：《法治与国家治理现代化》，载《中国法学》2014 年第 4 期。

律来构成，不包含党的政策。然而，从中国特色社会主义法治及生态文明建设的实践逻辑看，不能将党的政策排除在生态环境法治体系之外。习近平总书记指出："党的政策和国家法律都是人民根本意志的反映，在本质上是一致的。党的政策是国家法律的先导和指引，是立法的依据和执法司法的重要指导。"①必须看到，执政党关于生态文明建设的路线、方针和政策是影响中国生态环境法治的一个要素，其中绝大多数并不具有传统意义上严格的法律规范形式，但在事实上对生态环境法治构成了重要影响，是当代中国国家治理中客观存在的制度范畴。因此，需要一个能够容纳生态环境领域党内法规、党的政策、国家法律三者的分析框架，对生态环境保护的国家治理体系及其法治化形态进行更为全面、深入的分析，展示当代中国生态环境法治的理论逻辑与实践逻辑，从部门法角度丰富中国特色社会主义法治建设的实践经验。

从我国生态环境法治的历史发展看，环境政策一直发挥着重要的推动、促进和保障作用。在整体上看，环境问题的特质决定了单纯依靠环境法律或环境政策都无法有效应对，必须通过环境政策与环境法律的协调配合方能实现②。具体而言，在党的十八大之前，我国制定发布的高层级环境政策如表 2-1 所示：

表 2-1　　　　　　　　　　历年来我国主要的环境政策

发布主体	名　　称	发布时间	主　要　目　标
国务院	国务院关于在国民经济调整时期加强环境保护工作的决定(国发〔1981〕27 号)	1981 年 2 月	结合经济调整的各项政策措施，认真贯彻执行《中华人民共和国环境保护法(试行)》
国务院	国务院关于环境保护工作的决定(国发〔1984〕64 号)	1984 年 5 月	保障环境保护和经济建设协调发展；成立国务院环境保护委员会，认真进行污染治理等

① 《习近平在中央政法工作会议上发表重要讲话》(2014 年 1 月 7 日)，载中华人民共和国中央人民政府网，http://www.gov.cn/jrzg/2014-01/08/content_2562441.htm，2024 年 5 月 10 日访问。

② 李龙、李慧敏：《政策与法律的互补谐变关系探析》，载《理论与改革》2017 年第 1 期。

续表

发布主体	名　　称	发布时间	主　要　目　标
国务院	国务院关于进一步加强环境保护工作的决定（国发〔1990〕65号）	1990 年 12 月	为促使经济持续、稳定、协调发展，深入贯彻执行《中华人民共和国环境保护法》
国务院	国务院关于环境保护若干问题的决定（国发〔1996〕31号）	1996 年 8 月	进一步落实环境保护基本国策，贯彻《中华人民共和国国民经济和社会发展"九五"计划和 2010 年远景目标纲要》
国务院	国务院关于落实科学发展观加强环境保护的决定（国发〔2005〕39号）	2005 年 12 月	全面落实科学发展观，加快构建社会主义和谐社会
国务院	国务院关于加强环境保护重点工作的意见（国发〔2011〕35号）	2011 年 10 月	深入贯彻落实科学发展观，加快推动经济发展方式转变，提高生态文明建设水平

　　从表 2-1 可见，传统上我国环境政策具有两个主要特质：一是在主体上由行政部门（国务院）制定，属于单纯的"国家政策"，规范对象是各级人民政府及其部门，不涉及党员及党组织。二是在内容上主要是贯彻落实环境法律及特定时期的国家发展目标，除个别政策文件外（如 1990 年的《国务院关于进一步加强环境保护工作的决定》），一般不涉及体制机制的变革和创设。这就将环境政策限定在"贯彻执行"层面，并非直接体现出党的意志而是以国家机构为主体构建"政策制定—实施"的全部过程。

　　在十八大之后，我国环境政策的制定过程与内在功能发生了根本性的变化，更加强调执政党对国家社会各项事务的全面领导，大量的政策性文件不再由行政部门单独制定，而是普遍采取"党政联合发文"的方式予以形成，体现出明显的制度转型，具体有两种方式，一是以中共中央、国务院的名义联合印发，如2015年4月印发的《关于加快推进生态文明建设的意见》、2015年9月印发的《生态文明体制改革总体方案》、2018年6月印发的《关于全面加强生态环境保护 坚决打好污染防治攻坚战的意见》；二是以中共中央办公厅、国务院办公厅的名义联合印发，这是目前最为常见的方式，如《生态文明建设目标评价考核办法》《关于全面推行河长制的意见》《关于划定并严守生态保护红线的若干意见》《关于建立资源环境承载能力监测预警长效机制的若干意见》《环境保护督察方案（试行）》等。这体现了党对生态文明建设的全面领导，是对传统环境政策制定及其过程的根本性变革，构成了推进生态文明体制机制改革的主要制度性规范。正如习近平总书记在全国生态环境保护大会上所指出的，要充分发挥党的领导和我国社会主义制度能够集中力量办大事的政治优势，加大力度推进生态文明建设、解决生态环境问题。①

在全面推进依法治国的时代背景下，为进一步深化生态文明建设、推进生态文明体制改革，需要以法治化的方式将党的意志加以贯彻落实。在现代国家治理的整体架构中，政治逻辑相对于法律体系具有先在性和基础性；政治是法律的存在根基、现实目的、实践背景和发展动因。② 在当代中国，中国共产党的政治权威是执政的实质性根基，进一步成为推动法治国家建构的动力机制和保障装置。③ 党的规范体系是宏观意义上我国法治体系的有机构成部分，政党法治是法治建设的一种类型。④ 综观十八大以来中国环境法治的实践进展，具有鲜明的"高位推动"特性，有必要将执政党的因素纳入考察的视野；在这一意义上说，政党是推动中国环境法治发展的核心要素之一。⑤

---

① 习近平：《坚决打好污染防治攻坚战 推动生态文明建设迈上新台阶》，载《人民日报》2018年5月20日，第1版。

② 对法律与政治关系的具体分析，参见姚建宗：《法律的政治逻辑阐释》，载《政治学研究》2010年第2期。

③ 王若磊：《依规治党与依法治国的关系》，载《法学研究》2016年第6期。

④ 李广德、王晨光：《党内权力监督法治化的法理论证》，载《马克思主义与现实》2018年第1期。

⑤ 陈海嵩：《中国环境法治中的政党、国家与社会》，载《法学研究》2018年第3期。

概言之，党的领导是中国特色社会主义最本质的特征，是社会主义法治最根本的保证①；实践表明，国家立法和党内立法的相互补充、相互促进已经成为我国环境法治的一大特色②。这就必然要求突破传统上仅仅在国家法律体系内研究环境法治的局限性，在中国特色社会主义法治体系的整体背景下综合考虑十八大以来执政党所发布的生态环境保护相关政策及规范性文件，对生态环境领域的党内法规问题进行专门分析。

第二节　生态环境党内法规制度的界定：两类规范形态

在前文所述的历史与现实背景之中，生态环境党内法规制度得以产生并不断发展。对此，首先需要准确界定"党内法规"的概念。根据《中国共产党党内法规制定条例》（以下简称《党内法规制定条例》）第4条、第5条的规定，严格意义上的"党内法规"包括七种，即以党章、准则、条例、规则、规定、办法、细则为名称的规章制度，具有类似于国家法律的条款形式，区别于不适用条款形式的党内规范性文件。前述条例对"党内法规"概念的界定，显然是依据形式标准（规章制度的制定主体和篇章结构）进行的。依据这一标准，十八大以来党所制定公布的环境政策中，符合严格形式标准的"党内法规"并不多，主要包括：一是2015年5月中共中央办公厅、国务院办公厅联合发布的《党政领导干部生态环境损害责任追究办法（试行）》；二是2016年12月中共中央办公厅、国务院办公厅联合发布的《生态文明建设目标评价考核办法》；三是2019年6月中共中央办公厅、国务院办公厅联合发布的《中央生态环境保护督察工作规定》，以及2022年4月中共中央办公厅、国务院办公厅联合发布的《中央生态环境保护督察整改工作办法》。其余的生态环境政策由于不具备《中国共产党党内法规制定条例》所规定的"七类名称"，而只能归属于"规范性文件"。以此为基础的推论是：生态环境领域党内法规仅指以目前公布的生态环境党内法规作为规范依据的制度现象，具体

---

① 《中共中央关于全面推进依法治国若干重大问题的决定》，载《中国共产党十八届四中全会公报》2014年10月23日。

② 郄建荣：《环保部：党内环保法规和政策制定成一大亮点》，载《法制日报》2017年8月22日，第2版。

包括《党政领导干部生态环境损害责任追究办法(试行)》《生态文明建设目标评价考核办法》《中央生态环境保护督察工作规定》等。

上述结论似乎已经对生态环境党内法规作出具有权威依据的界定。然而正如黑格尔所言"理论是灰色的，而生活之树常青"；在十八大以来党推进生态文明体制机制改革及制度建设的过程中，发挥作用的制度依据绝不仅仅只有《党政领导干部生态环境损害责任追究办法(试行)》《生态文明建设目标评价考核办法》《中央生态环境保护督察工作规定》等少数具有"七类名称"的狭义党内法规，而是具有更为丰富、多样的表现形式，形成了生态环境保护的"政策集群"。前文第一部分中所列举的诸多政策文件，即为例证。如果将绝大多数的生态环境政策一律归为"规范性文件"而排除在政党法治范畴之外，无视其在生态环境法治建设中发挥的重要作用，无疑具有"削足适履"之嫌而与生态文明建设及体制机制改革的现实大相径庭。应当看到，基于历史与现实的原因，目前《党内法规制定条例》对"党内法规"的界定与党的制度建设实践之间仍然存在张力，并不能完全涵盖现实中党的规章制度。① 党内现有的一些法规并没有使用《党内法规制定体例》所列举的七类名称，而是使用决议、决定、意见、通知等名称②。从功能上看，党内法规具有法律与政治的双重属性，不能简单照搬传统意义上法律体系的要求，也不是片面追求形式逻辑结构的封闭自洽系统③。从根本上说，"党内法规"概念及相应的政党法治须服务于加强党的制度建设、落实全面从严治党、规范党员及党组织行为之目的，而不是自我封闭形成一个所谓的"法规金字塔"。这凸显出单纯以形式标准界定"党内法规"的局限性与片面性；对生态环境领域政党法治的理解与界定，自然有必要摒弃僵化的形式标准，从目的和功能入手对现实中党的规章制度加以考察。

在法理上，现代法治从"形式法治"向"实质法治"的转向，为我们理解这一问题提供了参照。在 19 世纪，当时主流的法律实证主义试图将一切政治、道德

---

① 王伟国：《国家治理体系视角下党内法规研究的基础概念辨析》，载《中国法学》2018年第 2 期。

② 张敬华：《党内法规和行政法规使用名称辨析》，载《秘书工作》2014 年第 10 期。

③ 屠凯：《党内法规的二重属性》，载《中共浙江省委党校学报》2015 年第 5 期。

和观念的内容排除在法律之外，导致法治国家日益成为一个形式存在而沦为暴政利用的工具。正如学者所指出的，形式理性法产生了"常规化"的僵硬，只有将实体价值因素加入法律中，实现"实质化"，现代法治才能获得生命力①。从根本上说，实质法治构成了人类的法治理想，也应当成为当代中国的法治理想②。另外，从法律与政策的相互关系看，为应对现代社会中所出现的诸多新型问题，政策与法律已经越来越具有紧密的联系而不具有本质区别，共同服务于社会问题的解决；政策与法律同宗同源，都是国家制定或认可的行为规范；在当代法治条件下，政策已经成为法治的有机、内在、不可或缺的组成部分。③ 在法理上，政策与法律在本质上具有某种一致性；政策在新时代中国特色社会主义法治建设中发挥着重要作用，其并不是与法治相对立的"人治"。④ 因此，应当依据实质标准对党所发布的生态环境政策加以判断，即该规章制度对推进生态文明建设是否具有重要性、是否对全国各级党政领导干部具有普遍约束力、是否能够多次反复适用。如果符合上述实质性标准，在事实上就具备了法理上所要求法的抽象性、普遍性和明确性等内在特征⑤，该政策文件就属于生态环境领域政党法治的研究对象和组成部分。从另外一个方面看，如果僵硬地秉持形式法治立场，将党的政策文件一概排除在法治视域之外，就人为地割裂和掩盖了执政党在生态文明建设中发挥的领导核心作用，与当前生态文明体制改革的实践进展不相吻合，违背了理论与实践相一致的基本要求，无助于推进形成具有中国特色的环境法治规范体系与制度体系。

需要指出的是，考虑到《党内法规制定条例》中"党内法规"的界定具有一定权威性并为大多数文献所接受，为保持研究的一致性，本书仍然沿用这一界定，即在形式意义上使用"党内法规"一词，而在实质意义上使用"党内法规制度"概

---

① W. Mommsen, *The Political and Social Theory of Max Weber*, Stafford BC: Polity Press, 1989, p. 53.

② 李桂林：《实质法治：法治的必然选择》，载《法学》2018 年第 7 期。

③ 史际春：《法的政策化与政策法治化》，载《经济法论丛》2018 年第 1 期。

④ 李龙、李慧敏：《政策与法律的互补谐变关系探析》，载《学习与探索》2017 年第 1 期。

⑤ 周旺生：《立法学》，法律出版社 2000 年版，第 67 页。

念，将其内涵拓展至更大范围内的制度现象，既包括狭义上的党内法规(以"七类名称"为标准)，也包括生态环境领域执政党发布的重要规范性文件。基于这一立场，可以对目前执政党推进生态文明体制机制改革的制度现象进行更为细致的划分与解释，具体包含两方面的规范要素：一是严格意义上的"党内法规"，即前述《党政领导干部生态环境损害责任追究办法(试行)》《生态文明建设目标评价考核办法》《中央生态环境保护督察工作规定》等，是党对当前生态文明建设中具有紧迫性、全局性的事项所进行的专门规定，规范化程度较高，凸显党推进生态文明建设及体制机制改革的政治意志；二是生态环境保护领域党的重要政策，是通过党的政策文件明确某一方面的改革措施，具有一定的规范化程度，是当前生态文明制度建设及体制机制改革"顶层设计"的一部分并在党的权威性文件中加以明确宣示①，进而通过"党政联合发文"方式建立相应的制度措施以强化实施效力，来源于执政党在国家社会各项事务中的领导核心作用，目的是落实党关于生态文明建设及体制机制改革的路线与方针，以此引导中国环境法治的完善与发展。

　　需要注意的是，狭义上的生态环境保护党内法规以及党的规范性文件虽然在形式上存在不同，但在实质上发挥了同样的规范效力，都对生态环境治理中公权力行使的问题进行调整。对于二者的区分，除了前述"七类名称"的形式标准以外，前者主要围绕生态文明绩效评价考核和责任追究体系展开，后者主要针对生态环境管理体制改革创新进行规定。由此可见，当前推进和保障生态文明建设更多是通过党的规范性文件实现。必须看到，生态文明建设和体制改革工作的全面启动，系统地带动了以总体方案、规划纲要、方案、意见等来命名的生态环保类

---

　　①　这里的"权威性文件"，是指体现生态环境保护领域"党的主张"的高层级文件，是党提出的在特定时期应遵循的理论、路线、方针、政策，包括全国代表大会的政治报告(十八大报告、十九大报告、二十大报告等)、中央全会的决定(例如：十九届四中全会《中共中央关于坚持和完善中国特色社会主义制度　推进国家治理体系和治理能力现代化若干重大问题的决定》等)、中共中央组织制定的重要规范性文件(例如：《中共中央、国务院关于加快推进生态文明建设的意见》，中共中央、国务院《生态文明体制改革总体方案》等)。

规范性文件建设。① 当前我国出台的生态环境保护党的规范性文件，调整范畴涵摄城乡建设和绿色发展、生态环境监测监察执法改革、环境污染防治、跨区域生态环境协调治理、生态环境损害赔偿、自然保护地体系、生物多样性保护、生态保护红线、生态保护补偿、生态环境综合行政执法、生态产品价值实现等多个领域，几乎构成我国生态文明建设体制改革的全部内容，是生态环境保护制度体系的重要组成部分。可以说，党的规范性文件提供的制度保障是近年来我国生态环境治理取得显著成就的关键所在，破除了诸多体制性障碍，同时在事实意义上极大推动了生态环境法治的发展。例如：《关于省以下环保机构监测监察执法垂直管理制度改革试点工作的指导意见》打破了生态环境保护工作的地方干预"痼疾"、《关于深化生态环境保护综合行政执法改革的指导意见》充分调动了生态环境执法的资源与力量、《关于全面推行河长制的意见》《关于在湖泊实施湖长制的实施意见》《关于全面推进林长制的意见》等有效压实了地方的多层级跨部门生态环境管理与保护职责。同时，由党的规范性文件创设的制度在时机成熟时被国家立法吸收和接纳，以更加深入贯彻落实生态文明建设目标。当前部分制度机制已经完成这一转化，例如：《生态环境损害赔偿制度改革试点方案》的内容被写入《民法典》第 1234 条、第 1235 条，《关于全面推行河长制的意见》《关于在湖泊实施湖长制的实施意见》的内容被写入《长江保护法》《黄河保护法》，有关部门正在以《建立国家公园体制总体方案》《关于建立以国家公园为主体的自然保护地体系的指导意见》为基础研究起草《自然保护地法》《国家公园法》等，党内法规制度体系与国家法律制度体系的统筹完善将推动我国生态环境法治的纵深发展。

综上所述，正如有学者所指出："党内法规与党内规范性文件构成党内法规制度的主体。"②本书在实质而非形式的意义上界定生态环境党内法规制度，意味着对所有党员、各级党组织以及相关社会事务的全面约束，是党加强生态文明建

---

① 常纪文：《全面系统完善我国生态文明党内法规体系》，载《中国环境管理》2022 年第 3 期。

② 王伟国：《国家治理体系视角下党内法规研究的基础概念辨析》，载《中国法学》2018 年第 2 期。

设、推进体制机制改革之意志的规范化表现，包括两方面的渊源：一是狭义上的生态环境党内法规，判断标准是《中国共产党党内法规制定条例》；二是生态文明体制机制改革某一方面的重要规范性文件，判断标准是党中央关于生态文明制度建设的路线、方针与政策，并在党的权威性文件中有相应依据。两者共同构成了生态环境领域党内法规制度体系。

第三节　生态环境党内法规制度梳理及规范效力

《中国共产党第十八届中央委员会第四次全体会议公报》将党内法规体系纳入中国特色社会主义法治体系，强调"加强党内法规制度建设"，明确揭示了党内法规的法治属性，并将其作为全面推进依法治国的重要内容。[①] 此后，以习近平同志为核心的党中央高度重视新时代党内法规制度建设，对党内法规制度体系和党内法规制度执行作出部署安排。目前，我国已经形成比较完善的党内法规体系，即"1+4"的基本框架：以《中国共产党党章》为基本遵循，具体涵盖党的组织、领导、自身建设和监督保障四大板块。[②] 概言之，我国党内法规分为党的组织法规、党的领导法规、党的自身建设法规、党的监督保障法规共四个部分。

就生态环境保护领域而言，也已经形成相当的党内法规体系。从某种意义上说，党内法规研究需要重点关注生态环境保护领域。一方面，党的十八大以来我国高度重视经济发展与生态环境保护之间的协调，生态文明建设被摆在全局工作的突出位置；另一方面，党内法规体系在生态文明建设中作出突出贡献，在生态环境法治发展中占据了重要位置。因此，无论立足于国家治理的需要，还是立足于党内法规体系发挥作用的重要场域，凸显了生态环境党内法规制度的重要性。根据前文界定，可以对目前我国生态环境党内法规制度进行全面的梳理，参见表2-2。

[①] 《中共中央关于全面推进依法治国若干重大问题的决定》，载《人民日报》2014 年 10 月 29 日，第 1 版。

[②] 中共中央办公厅法规局：《中国共产党党内法规体系》，载《人民日报》2021 年 8 月 4 日，第 1 版。

表 2-2   十八大以来的生态环境党内法规制度

发布主体	规 范 名 称	发布时间
中共中央、国务院	关于全面推进美丽中国建设的意见	2023 年 12 月
	关于深入打好污染防治攻坚战的意见	2021 年 11 月
	关于完整准确全面贯彻新发展理念做好碳达峰碳中和工作的意见	2021 年 9 月
	关于建立国土空间规划体系并监督实施的若干意见	2019 年 5 月
	关于全面加强生态环境保护 坚决打好污染防治攻坚战的意见	2018 年 6 月
	关于加快推进生态文明建设的意见	2015 年 5 月
中共中央办公厅、国务院办公厅	关于加强生态环境分区管控的意见	2024 年 3 月
	深化集体林权制度改革方案	2023 年 9 月
	关于加强新时代水土保持工作的意见	2023 年 1 月
	中央生态环境保护督察整改工作办法	2022 年 1 月
	全民所有自然资源资产所有权委托代理机制试点方案	2022 年 3 月
	关于推动城乡建设绿色发展的意见	2021 年 10 月
	关于进一步加强生物多样性保护的意见	2021 年 10 月
	黄河流域生态保护和高质量发展规划纲要	2021 年 10 月
	关于深化生态保护补偿制度改革的意见	2021 年 9 月
	关于建立健全生态产品价值实现机制的意见	2021 年 4 月
	关于全面推行林长制的意见	2021 年 1 月
	关于构建现代环境治理体系的指导意见	2020 年 3 月
	关于在国土空间规划中统筹划定落实三条控制线的指导意见	2019 年 11 月
	关于建立以国家公园为主体的自然保护地体系的指导意见	2019 年 6 月
	中央生态环境保护督察工作规定	2019 年 6 月
	关于统筹推进自然资源资产产权制度改革的指导意见	2019 年 4 月
	关于在湖泊实施湖长制的指导意见	2018 年 1 月
	生态环境损害赔偿制度改革方案	2017 年 12 月

续表

发布主体	规 范 名 称	发布时间
中共中央办公厅、国务院办公厅	建立国家公园体制总体方案	2017 年 9 月
	关于建立资源环境承载能力监测预警长效机制的若干意见	2017 年 9 月
	关于划定并严守生态保护红线的若干意见	2017 年 2 月
	生态文明建设目标评价考核办法	2016 年 12 月
	关于省以下环保机构监测监察执法垂直管理制度改革试点工作的指导意见	2016 年 9 月
	关于全面推行河长制的意见	2016 年 12 月
	关于设立统一规范的国家生态文明试验区的意见	2016 年 8 月
	党政领导干部生态环境损害责任追究办法(试行)	2015 年 8 月

总体上看，上述生态环境党内党规制度涉及"党""政"两大领域、具有政治与法律双重属性，既是落实党中央重大决策部署的政治行为，也是具有规范性要求的法律规则。以独具特色的生态环境党内法规《中央生态环境保护督察工作规定》为例。生态环境保护督察是顺应中国特色社会主义发展及生态文明建设需要而不断形成的、具有中国特色的制度安排，通过制度试点不断加以完善，是渐进主义改革路径中生成的制度变革①，其最为核心的要素是政治权威的强力介入，即以党中央、国务院的名义对地方党委政府履行生态环境保护职责的情况进行督察，充分利用了中央在地方人事权与惩戒权上的总体性保留及基于"党管干部"的一整套权力机制，对各地党政领导干部形成强大的政治压力和行为强制，本质上是一种"政治体检"。从国家治理体系与治理能力现代化角度看，上述方式是对国家作为政治主体"专断性权力"的充分运用，还需要运用法治思维和法治方式，将其逐步纳入国家治理的"常规性权力"之中。随着 2019 年《中央生态环境保护督察工作规定》的发布与实施，生态环境保护督察法治化建设取得成效，形成较为稳定的法律规则体系，依法推动生态环境保护督察向纵深发展。根据本书课题组的前期调研，目前已经形成了"一办六局"的中央生态环境保护督察组织体系，即

① 刘小冰：《生态环境法律制度试点的作用机理、问题识别与完善路径》，载《南京工业大学学报(社会科学版)》2021 年第 6 期。

中央生态环境保护督察办公室和生态环境部六个区域督察局，构成了开展各类生态环境保护督察工作的核心力量。同时，各省（自治区、直辖市）也组织了相应的生态环境保护督察机构及专门队伍。这些因素决定了生态环境保护督察涉及"党""政"两大领域、具有政治与法律双重属性。

为更好地理解生态环境党内法规制度所具有的法律属性，需要基于我国环境法治状况及生态文明体制改革进程，对生态环境保护党内法规制度所发挥作用的领域及其方式加以归纳概括。典型方式包括：

一、对生态环境保护行政权的配置与行使进行直接调整

这种方式意味着，通过党内法规制度对生态环境保护领域行政权力的上述规范事项予以明确，贯彻落实生态文明体制改革中的相应要求。具体包括：

1. 生态环境保护行政组织法相关内容的确定

以 2018 年 3 月中共中央《关于深化党和国家机构改革的决定》《深化党和国家机构改革方案》为依据，确立了生态环境保护领域负有监督管理职能的具体部门（包括新组建的生态环境部、自然资源部等）；基于"党管机构编制"原则①，由中办、国办制定每个部门的"三定方案"，明确相应的职能配置、内设机构和人员编制。同时，为进一步强化各部门生态环境保护职责的边界和效力，2020 年 3 月中办、国办印发《中央和国家机关有关部门生态环境保护责任清单》，通过责任清单的方式落实行政自制的理念，是行政机关自上而下自我规制的深刻革命。②

2. 生态环境保护管理体制的变革

2016 年 9 月，中办、国办印发了《关于省以下环保机构监测监察执法垂直管理制度改革试点工作的指导意见》，在 7 省市进行环保垂直管理改革试点，将县级环保部门调整为上级环保部门的派出机构（环保分局），地市级环保部门实行以省级生态环境厅为主的双重管理体制；2018 年 6 月中共中央、国务院发布《关于全面加强生态环境保护 坚决打好污染防治攻坚战的意见》，要求"全面完成省以

---

① 党的十九届三中全会《关于深化党和国家机构改革决定稿和方案稿的说明》中，明确提出"党管机构编制"原则，加强执政党对机构编制和机构改革的集中统一领导。

② 刘启川：《责任清单编制规则的法治逻辑》，载《中国法学》2018 年第 5 期。

下生态环境机构监测监察执法垂直管理制度改革"，在全国范围内进行环保垂直管理改革，目前全国范围内已基本完成。

3. 特定对象生态环境保护职责的多部门整合

生态文明建设的"整体观"是习近平法治思想的内在特质，强调统筹兼顾、整体施策、多措并举。① 因此针对河流、森林、湖泊等整体性环境要素，需要破除条块分割、区域分割的传统科层管理体制，有效整合不同部门、不同区域的力量形成协同治理。为此，以河长制为代表的多层级跨部门职责整合制度得以出现，并逐步拓展出湖长制、林长制。相应规范依据主要是中办、国办印发的规范性文件，包括《关于全面推进河长制的意见》（2016 年 12 月）、《关于在湖泊实施湖长制的指导意见》（2018 年 1 月）、《关于全面推进林长制的意见》（2021 年 1 月），构建了以党政领导负责制为核心的制度体系。上述制度的内核在于协调和整合跨部门、跨层级以及跨地区的生态环境治理力量，极具中国特色。② 以河长制为例，根据《关于全面推进河长制的意见》及相关规范依据，河长的工作职责包括所辖范围的水资源保护、河湖水域岸线管理保护、水污染防治、水环境治理、水生态修复、执法监管、对下级部门进行督导等，涉及生态环境、自然资源、水利、农业等多个部门。同时，在环境单行法修改中也纳入了相应内容。③

4. 生态环境保护领域行政执法体制的变革

以中共中央《关于深化党和国家机构改革的决定》《深化党和国家机构改革方案》中"深化行政执法体制改革，统筹配置行政处罚职能和执法资源"的目标，整合组建生态环境保护综合执法队伍，跨部门整合生态环境保护执法权，统一实行生态环境保护执法。同时，中办、国办于 2018 年 12 月印发《关于深化生态环境保护综合行政执法改革的指导意见》，对生态环境保护综合行政执法改革的主要

---

① 吕忠梅：《习近平法治思想的生态文明法治理论》，载《中国法学》2021 年第 1 期。

② 周建国、曹新富：《基于治理整合和制度嵌入的河长制研究》，载《江苏行政学院学报》2020 年第 3 期。

③ 例如，2017 年修改后的《水污染防治法》第 5 条规定："省、市、县、乡建立河长制，分级分段组织领导本行政区域内江河、湖泊的水资源保护、水域岸线管理、水污染防治、水环境治理等工作。"2019 年修订后的《森林法》第 4 条第 2 款规定："地方人民政府可以根据本行政区域森林资源保护发展的需要，建立林长制。"另外，近年来生态环境地方立法在修改中也纳入了河长制、湖长制、林长制的相关规定。

任务、对象范围、机构设置、职能配置、执法层级、执法事项、执法程序、执法方式、协调联动等问题进行了全面规定。

二、对党政领导干部所承担生态环境保护责任的直接调整

在生态文明体制改革诸多领域中，生态环境损害责任追究是进展最大、变革最为深刻的领域。① 习近平总书记多次强调：在生态文明建设中，地方各级党委和政府主要领导是本行政区域生态环境保护第一责任人。② 中办、国办在 2015 年 8 月印发《党政领导干部生态环境损害责任追究办法（试行）》，明确规定了"党政同责"的原则；2018 年 6 月，中共中央、国务院发布《关于全面加强生态环境保护坚决打好污染防治攻坚战的意见》，进一步明确要求"落实领导干部生态文明建设责任制，严格实行党政同责、一岗双责"。就问责对象而言，全面涵盖各类党政领导干部，具体分为四种：党委和政府主要领导、党委和政府有关领导（分管领导）、政府有关工作部门领导、其他党政领导干部；就问责方式而言，基于环境法"预防原则"的基本要求，既需要对已经发生的生态环境损害后果进行严肃问责，也需要对因不履行生态环境保护职责而可能产生的危害后果进行有效的预防。③ 由此在党政领导干部生态环境损害问责中，根据责任追究所内在的预防功能进行类型化，区分生态环境损害问责中的"行为责任"（针对违背生态环境保护法律法规、政策的行为）和"后果责任"（针对已经发生的环境污染、生态破坏结果）。纵观《党政领导干部生态环境损害责任追究办法（试行）》，"行为责任"贯穿于全部被问责主体之中，对所有的党政领导干部认真履行生态环境保护职责、实施环境法律与政策的行为都提出了明确要求；"结果责任"则根据问责主体的不同而有所差别，对党委和政府主要领导要求较高（在整体上要求不能出现生态环境问题），而对分管领导和政府部门领导要求则相对较低，对"其他党政领导干部"则没有要求。这体现了生态环境损害责任追究制度的精细化。

---

① 陈海嵩：《生态文明体制改革的环境法思考》，载《中国地质大学学报（社会科学版）》2018 年第 2 期，第 65 页。

② 习近平：《坚决打好污染防治攻坚战 推动生态文明建设迈上新台阶》，载《人民日报》2018 年 5 月 20 日，第 1 版。

③ 汪劲：《环境法学》（第四版），北京大学出版社 2018 年版，第 134 页。

同时，为进一步贯彻落实生态环境损害的"党政同责"，各地省委、省政府相继出台了配套规定，进一步丰富了规则体系，特别是明确了生态环境损害责任追究的从重（加重）、从轻（减轻）情节与标准。如根据 2016 年 8 月湖北省委、省政府印发的《湖北省实施〈党政领导干部生态环境损害责任追究办法（试行）〉细则》第 10 条、第 11 条，加重问责的情节有"干扰、阻碍、不配合责任追究调查"等六种情况，减轻问责的情节有"如实报告、主动纠正违法违规行为"等三种情况。

三、生态环境保护督察对督察对象的规范要求

通过生态环境保护督察，对贯彻落实环境法律法规、政策情况进行监督检查，其直接调整的对象不仅包括各级党政部门（地市、县级党委政府及政府有关部门；乡镇党委政府、街道党工委、办事处；国务院有关部门），也包括特定的法人（生产经营活动对生态环境影响较大的国有企业）。2014 年《环境保护法》第 67 条规定了"上级人民政府及其环境保护主管部门"对下级政府进行监督的权力，但无法对相应党委的行为构成约束。对此，2015 年 8 月中办、国办印发的《环境保护督察方案（试行）》创立了生态环境保护督察制度，将各省级党委政府纳入监督的对象，在全国范围内加以全面开展和实施。2019 年 6 月，中办、国办印发《中央生态环境保护督察工作规定》（以下简称《督察工作规定》），以党内法规方式对生态环境保护督察制度加以规范化、体系化，明确了"中央—省"两级督察体制，同时将生态环境保护督察对象拓展到国务院有关部门和有关国有企业。各地省委、省政府相继制定省级生态环境保护督察实施办法，形成了全面涵盖各级党政部门的督察规范体系。2022 年 4 月，中办、国办印发《中央生态环境保护督察整改工作办法》（以下简称《督察整改工作办法》），对省级党委、政府所承担的督察整改职责进行了专门规定。

根据前述《督察工作规定》《督察整改工作办法》及各省出台的相关地方性党内法规，生态环境保护督察由中央和省级专门机构（中央及省级生态环境保护督察工作领导小组）加以实施，该机构针对被督察对象所享有的诸多权限，对各级党政部门以及特定法人行为提出规范性要求。总体而言，包括：

1. 针对被督察对象的调查权

根据《督察工作规定》第 21 条及各地相关立法的规定，督察组进驻后有权采

取各种方式进行调查核实，包括：听取被督察对象工作汇报和有关专题汇报；与相关党政负责人进行个别谈话；受理人民群众生态环境保护方面的信访举报；调阅、复制有关文件和材料；对有关地方、部门、单位以及个人开展走访问询；针对问题线索开展调查取证，可责成有关部门和人员作出说明；召开座谈会，列席被督察对象有关会议；针对督察发现的突出问题，对有关党政领导干部实施约见或者约谈等。

2. 请求协助权

即督察机构根据生态环境保护督察工作需要，有请求相关组织和个人提供相应支撑和帮助的权力，包括人员、设备、技术、资料等方面的协助，也可请求有权部门采取查封、冻结等措施。根据《督察工作规定》第21条及各地相关立法的规定，督察组在开展工作中有权提请有关地方、部门、单位以及个人予以协助；对违反规定推诿、拖延、拒绝支持协助生态环境保护督察工作，造成不良后果的，严格追究相关人员责任。

3. 督察处置权

即督察机构针对发现的问题通过督察报告、"边督边改"等方式，对被督察对象提出反馈意见、建议或者直接交办问题；根据督察组反馈情况和交办的各种问题，被督察对象应及时制定督察整改方案并予以整改落实，由中央生态环境保护督察办公室进行调度督办，并组织抽查核实。根据《督察工作规定》第22条、第23条、第25条及各地相关立法的规定，中央生态环境保护督察组应当在规定时限内形成督察报告，如实报告督察发现的重要情况和问题，并提出意见和建议；经中央生态环境保护督察工作领导小组审议后，报党中央、国务院批准，随后由中央生态环境保护督察组向被督察对象反馈，指出督察发现的问题，明确督察整改工作要求；被督察对象应当按照督察报告制定督察整改方案，在规定时限内报党中央、国务院批准，并做好整改落实工作。中央生态环境保护督察办公室应当对督察整改落实情况开展调度督办，并组织抽查核实。同时，根据《督察工作规定》第27条之规定，督察组有权通过"边督边改"，对督察进驻过程中人民群众举报的生态环境问题以及其他问题交办给被督察对象，做到立行立改，坚决整改，确保有关问题查处到位、整改到位。

4. 问责建议权

即针对督察过程中发现的生态环境问题及失职失责情况，督察机构有权提出问责建议，督促、推进"最严格"的环保问责，包括两大方面：追究政治责任移交给相关部门予以严格问责，追究法律责任则有权移送给有关部门依法处理。根据《督察工作规定》第24条、第28条及各地相关立法的规定，对不履行或者不正确履行职责而造成生态环境损害的地方和单位党政领导干部，应当依纪依法严肃、精准、有效问责。需要移交的情形有：督察结果作为对被督察对象领导班子和领导干部综合考核评价、奖惩任免的重要依据，按照干部管理权限送有关组织（人事）部门；督察组形成生态环境损害责任追究问题清单和案卷，按照有关权限、程序和要求移交中央纪委国家监委、中央组织部、国务院国资委党委或者被督察对象。需要移送的情况有：对督察发现需要开展生态环境损害赔偿工作的，移送省、自治区、直辖市政府依照有关规定索赔追偿；需要提起公益诉讼的，移送检察机关等有权机关依法处理；对督察发现涉嫌犯罪的，按照有关规定移送监察机关或者司法机关依法处理。

四、其他领域生态文明体制改革措施对国家及社会事务的调整

这种方式意味着，党中央、国务院通过党政联合发文的方式，推行某项生态文明体制改革措施并对法律主体（包括自然人、法人、国家机关及其他组织等）行为构成约束和限制。这体现在生态文明体制改革的多个领域。以2021年9月中办、国办印发的《关于深化生态保护补偿制度改革的意见》为例进行分析。在这一党的规范性文件中，对有关主体行为提出的规范性要求包括：（1）以祈使句对政府主体提出的规范性要求（职责），表述如"各省级政府要将生态功能重要地区全面纳入省级对下生态保护补偿转移支付范围""各省级政府要加大生态保护补偿资金投入力度""对暂不具备治理条件和因保护生态不宜开发利用的连片沙化土地依法实施封禁保护"等。（2）以陈述句对社会主体（公民、法人及其他组织）权利的规范性要求，表述如"依法对因法律规定保护的野生动物造成的人员伤亡、农作物或其他财产损失开展野生动物致害补偿""建立用水权、排污权、碳排放权初始分配制度"。

又如，根据2017年2月中办、国办印发的《关于划定并严守生态保护红线的

若干意见》，其中对法律主体提出的规范性要求包括：（1）以祈使句对政府主体提出的规范性要求（职责），表述如"地方各级党委和政府是严守生态保护红线的责任主体，要将生态保护红线作为相关综合决策的重要依据和前提条件，履行好保护责任""地方各级党委和政府是严守生态保护红线的责任主体，要将生态保护红线作为相关综合决策的重要依据和前提条件，履行好保护责任""生态保护红线划定后，相关规划要符合生态保护红线空间管控要求，不符合的要及时进行调整"等。（2）以陈述句对社会主体（公民、法人及其他组织）义务的规范性要求，表述如"生态保护红线划定后，只能增加、不能减少""严禁不符合主体功能定位的各类开发活动，严禁任意改变用途"等。这无疑针对所有的社会主体的开发建设行为进行了严格的限制。

综上可以看出，党内法规制度已经广泛适用于当前我国生态环境法治多个领域之中，具有相应的规范效力，发挥着不可取代的重要作用，是国家治理及中国特色社会主义法治建设实践中出现的新型规范形态和规则体系。

第三章　生态环境党内法规制度的规范内涵

　　《中国共产党第十八届中央委员会第四次全体会议公报》首次将党内法规体系纳入中国特色社会主义法治体系，强调"加强党内法规制度建设"，明确揭示了党内法规的法治属性，并将其作为全面推进依法治国的重要内容。① 此后，党中央高度重视新时代党内法规制度建设，对党内法规制度体系和党内法规制度建设及执行作出部署安排。党的十九大报告明确要求"加快形成覆盖党的领导和党的建设各方面的党内法规制度体系"。② 党的二十大报告强调"坚持制度治党、依规治党，以党章为根本，以民主集中制为核心，完善党内法规制度体系，增强党内法规权威性和执行力"。经过不断发展，当前我国已经形成比较完善的党内法规体系③，以"1+4"为基本框架，在党章之下分为党的组织法规、党的领导法规、党的自身建设法规、党的监督保障法规四大板块④。

　　在党内法规体系已经基本建立的背景下，为了进一步深化发展，应当针对具体的制度领域开展党内法规研究，须重点关注生态环境保护领域。如前一章所述，党内法规制度在推进生态文明建设中作出了突出贡献，在生态环境法治发展中占据了重要位置。生态环境保护党内法规制度能够作为支撑党的全面领导和生态文明建设的法治规范，离不开制度创设和体系完善。制度体系是生态环境保护党内法规体系的主体部分。党的十八大以来，为实现生态环境治理的历史性转型

---

① 《中共中央关于全面推进依法治国若干重大问题的决定》，载《人民日报》2014 年 10 月 29 日，第 1 版。

② 《习近平著作选读》（第 2 卷），人民出版社 2023 年版，第 56 页。

③ 习近平：《在庆祝中国共产党成立 100 周年大会上的讲话》，载《求是》2021 年第 14 期。

④ 中共中央办公厅法规局：《中国共产党党内法规体系》，载《人民日报》2021 年 8 月 4 日，第 1 版。

和制度创新，党中央出台了一大批生态环境保护规范依据，形成生态文明体制机制的巨大变革，保障实现人与自然和谐共生的中国式现代化。其中既包括狭义上的党内法规，也包括党的规范性文件，它们共同组成了生态环境保护党内法规的制度体系，具有相应的规范内涵。本章就此问题进行专门研讨。

第一节　生态环境党内法规(狭义)的规范内涵

根据《中国共产党党内法规制定条例》第 5 条的规定，只有具备"党章、准则、条例、规则、规定、办法、细则"七类名称之一的党规，才能称之为党内法规；符合党内法规制定的要件、发挥相应的规范效力，但不具备上述七类名称的其余规章制度属于党的规范性文件。对于生态环境保护党内法规体系的规范划分遵照这一标准。符合前述"七类名称"的狭义上生态环境保护党内法规共有五项(详见表 3-1)。

表 3-1 　　　　　　　　**我国生态环境保护党内法规(狭义)**

规 范 名 称	规 范 来 源	发布时间
《党政领导干部生态环境损害责任追究办法(试行)》	中共中央办公厅、国务院办公厅	2015 年 8 月
《生态文明建设目标评价考核办法》	中共中央办公厅、国务院办公厅	2016 年 12 月
《领导干部自然资源资产离任审计规定(试行)》	中共中央办公厅、国务院办公厅	2017 年 12 月
《中央生态环境保护督察工作规定》	中共中央办公厅、国务院办公厅	2019 年 6 月
《中央生态环境保护督察整改工作办法》	中共中央办公厅、国务院办公厅	2022 年 1 月

从表 3-1 可知，当前我国生态环境保护党内法规均由中共中央办公厅、国务院办公厅联合发布，制度内容主要聚焦于公权力的生态环境保护责任监督，尤其

关注党委责任和领导干部责任。其规范内涵可以从如下制度领域加以理解：

1. 党政领导干部生态环境损害责任追究制度

推进生态文明建设必须充分压实多方主体的生态环境保护责任，其中最重要的是解决党委和政府的职责承担问题。过去，立法规定了生态环境行政管理体制的基本内容，但是缺乏对党委担责的重视，单纯规范政府职责，难以从根本上改善生态环境治理效果。存在这个问题的原因在于国家法律难以直接规定有关党委责任的内容，更无法实现对党委生态环境保护责任的约束。因此，必须依赖党内法规体系规范党组织及其成员在生态环境保护中的责任形态，充分发挥党委和政府在生态文明建设中的主体作用。《党政领导干部生态环境损害责任追究办法(试行)》致力于解决生态环境治理中党委责任相对缺位的问题，创设了党政领导干部生态环境损害责任追究制度，强调"党政同责"与"终身追责"相结合、"行为追责"与"后果追责"相结合，突出地方党政主要领导的责任。一方面，加大对公权力主体责任的追究力度，划定公权力行使的生态红线；另一方面，遵循"有权必有责"的原则，既追究地方政府环保履职不力的责任，也追责地方党委环保执政不力的责任。总之，用最严格的监管、最严厉的处罚、最严肃的问责压实生态环境治理的党委履职和政府尽责。

2. 生态文明建设目标评价考核制度

"生态文明建设的成效如何，党中央、国务院确定的重大目标任务有没有实现，老百姓在生态环境改善上有没有获得感，需要一把尺子来衡量和检验。"①公权力职责的履行情况是地方生态环境治理的必考题，因此必须创设一套目标评价考核机制，衡量和检验生态环境保护的具体开展情况。尤其在生态环境保护"党政同责"的基础上，应当规范相关的评价考核工作，尽力获取党委和政府的生态环境治理实效结果，并将其作为领导干部的任职和奖惩依据。由于目标评价考核同样涉及对党委职责的指导与约束，因此相关制度的创设与规定难以通过国家立法实现，需要充分发挥党的领导法规对党组织和非党组织的规范作用。《生态文

---

①　《发展改革委副主任就〈生态文明建设目标评价考核办法〉等回答提问》，载中国政府网，https：//www.gov.cn/xinwen/2016-12/23/content_5151827.htm？allContent#1，2024 年 2月1 日访问。

明建设目标评价考核办法》应运而生，规定了生态文明建设目标评价考核的基本原则、主体、对象、程序、监督实施、结果运用等内容，有利于充分反映资源消耗、环境损害、生态效益等指标的情况，更加全面衡量发展的质量和效益，引导各级党委和政府形成正确的政绩观，进一步引导和督促地方的绿色发展改革。

3. 领导干部自然资源资产离任审计制度

生态文明建设既包括对生态环境保护的统筹规划，也包括对自然资源资产利用的合理制约。因此不仅需要明确领导干部的生态环境损害责任，还需要对自然资源领域的领导干部责任作出相应的规定。正如习近平总书记所说："要落实领导干部任期生态文明建设责任制，实行自然资源资产离任审计……明确各级领导干部责任追究情形。"①中共中央多次对此作出明确部署。② 由于涉及党政领导干部的责任追究，因此党政联合发布《领导干部自然资源资产离任审计规定（试行）》对相关工作提出了具体要求，围绕领导干部在自然资源资产管理和生态环境保护中执行方针政策和决策部署、遵守相关法律法规、相关重大决策、完成资源管理和保护目标、履行监督责任、组织相关资金征管用和项目建设运行等方面的情况作出综合评价，强化生态文明建设责任追究的力度，保证领导干部牢固树立绿色发展理念、坚持节约资源和保护环境的基本国策，促进自然资源资产节约集约利用和保障生态环境安全。

4. 中央生态环境保护督察制度

为避免生态环境保护目标责任及考核评价制度流于形式，实现对生态环境保护公权力主体的行为监督与责任追究，必须完善"党政同责"的程序性规定。由于中央与地方政府之间在环保领域所形成的央地关系是制约中国环境法治最重要的体制性、结构性因素,③ 因此需要大力加强对地方党政生态环境保护职能运行情

---

① 习近平：《推动形成绿色发展方式和生活方式　为人民群众创造良好生产生活环境》，2017年5月28日，载央广网，http://china.cnr.cn/news/20170528/t20170528_523776392.shtml，2023年12月20日访问。

② 参见党的十八届三中全会通过的《中共中央关于全面深化改革若干重大问题的决定》；中共中央、国务院印发的《关于加快推进生态文明建设的意见》第25条；中共中央、国务院印发的《生态文明体制改革总体方案》第50条。

③ 陈海嵩：《中国环境法治的体制性障碍及治理路径——基于中央环保督察的分析》，载《法律科学》2019年第4期。

况的监督与问责。在习近平总书记亲自谋划、亲自部署、亲自推动下，中央生态环境保护督察有力有序展开。《中央生态环境保护督察工作规定》的出台标志着生态文明建设进入实质问责阶段，在督促地方党委政府履行环境保护职责、解决重大环境问题上取得了较大成效[1]。习近平总书记强调，开展环境保护督察，是党中央、国务院为加强环境保护工作采取的一项重大举措，对加强生态文明建设、解决人民群众反映强烈的环境污染和生态破坏问题具有重要意义。[2] 伴随《中央生态环境保护督察整改工作办法》的出台，中央生态环境保护督察制度已经较为完善，通过实践发展出长效的环保督察机制体制。

　　总而言之，生态环境保护党内法规(狭义)立足于生态文明实践的需要，以地方党委、政府及其领导干部为主要规范对象，全面建立健全生态环境保护督察、生态文明绩效评价考核和责任追究体系[3]，严格推进"党政同责、一岗双责"要求的落实。

第二节　生态环境党的规范性文件之规范内涵

　　相较于狭义上的党内法规，党的规范性文件更具有灵活性和可操作性，同时能够保证党的领导贯穿改革始终，更有利于发挥"实践先行"的功能。发挥党政联合发文的规范效力是生态文明建设"摸着石头过河"的中国智慧，既为生态文明体制改革的"胆子大"提供试错空间，又为改革"步子稳"提供法治保障。本书第二章已经论述了党内法规制度的规范效力，目前普遍认同其具备政治与法律的双重属性，但是专门针对党的规范性文件进行的研究甚少。偶有提及，也是在非严格意义的"党内法规"语境中，即未按照形式要件严格区分党内法规与党的规范性文件，在分析党内法规时"顺带包含"党的规范性文件。因此，针对党的规范性文件的专门性研究有待进一步深入。

---

① 陈海嵩：《环保督察制度法治化：定位、困境及其出路》，载《法学评论》2017 年第 3 期。

② 刘毅、寇江泽：《推动生态文明建设不断取得新成效》，载《人民日报》2022 年 7 月 7 日，第 1 版。

③ 毛佩瑾：《进一步提升生态治理效能》，载《学习时报》2020 年 3 月 9 日，第 5 版。

就生态环境保护领域而言，近年来，一系列党内法规及党的规范性文件有力推动了我国的生态文明建设与生态环境法治建设，主要表现形式为中共中央办公厅、国务院办公厅名义联合发布的规范性文件，即"党政联合发文"。作为特定形式的党的规范性文件，目前对党政联合发文的属性认知往往限定在传统的"政策"层面，仍需进一步剖析其规范效力，以此为"切口"推进、明确对党的规范性文件规范内涵的认识。

一、党的规范性文件效力之研究

目前学界相关研究，主要分为如下几个方面：

(一)党内法规"溢出效力"研究

许多学者注意到党内法规的效力不仅仅及于党内的现象，并将此称之为"溢出效力"，指党内法规对党外人员和事务产生了强制力、约束力，超出了其原先本身设定的效力范围。有学者分析，党内法规的"溢出效力"包括对象效力溢出、空间效力溢出、事项效力溢出。[1] 有研究强调应区分党内法规溢出效力的情形，不能泛泛而谈；规范党的领导活动的党内法规在实施过程中存在间接调整非党主体以及党外事务并产生间接效力，但也会挤占国家法律的效力空间。[2] 总体而言，目前学界已经普遍认识到党内法规"溢出效力"，往往将这一问题置于"党内法规效力"或"党内法规调整范围"等整体性视野中加以考察。如此，"溢出效力"已经成为党内法规研究中的内容之一，但是关于党的规范性文件是否具有"溢出效力"或是其他规范效力的研究较为缺乏，仅有在专门分析"党政联合发文"的文章中简要提及，其中也并未区分是党内法规的"溢出效力"，还是党的规范性文件"溢出效力"，而是在整体上分析"党政联合发文"的效力等问题。目前，对党的规范性文件对党外人员、事务产生约束效力的专门分析较为缺乏，难以完全解释属于党的政策范畴的规范性文件如何作用于非党主体以及党外事务。

---

① 闫映全：《党内法规"溢出效力"的三重维度》，载《广西社会科学》2021 年第 12 期。
② 秦前红、张晓瑜：《对党内法规溢出效力的省思与回应》，载《党内法规理论研究》2021 年第 1 辑。

基于执政党的集中统一领导，党的主张可以根据现实需求直接领导国家事务，并体现为不同类型的规范体系(党内法规、党的规范性文件、国家法律、国家政策等)。无论是党内法规或党的规范性文件，对党外事务的调整与影响，本质是党的主张在国家治理中的体现。认可党的规范性文件针对非党主体以及党外事务产生了约束作用，是讨论其规范内涵及其效力的基础，并可进一步分析出党的规范性文件究竟具备什么样的规范内涵，以及该规范效果可否被称为"溢出效力"。

(二)"党政联合发文"中的规范性文件

党政联合发文是当代中国国家治理中独特的制度现象，是政治要素与法治要素共同作用于国家治理的创新成果，泛指中国共产党与国家机关因治理事项存在交集而共同发布的相关通知、意见、决定等制度文件①，其在我国有着丰富的客观基础与实践经验，源于中国共产党建设国家的历史背景和党领导国家的现实逻辑。

学理上对于党政联合发文的性质尚无统一定论，总体上存在"国法说""政策说""双重属性说""复合属性论"等观点。"国法说"认为，党政联合发文直接通过法律系统的内部运作形成期望的政治效果，是对法律系统自主性的冲击。② "政策说"认为党内规范性文件其实就是政策的一种载体形式。③ 承认党政联合发文"规范"特征的还有"双重属性论"④和"单一属性论"⑤，主要从法治体系二元结构出发，侧重强调党政联合发文的一般"规范"特征，但未作进一步深入研讨。有学者总结以上不足，提出"复合属性论"，即应当根据治理场景、治理功能等识别

---

①　封丽霞：《党政联合发文的制度逻辑及其规范化问题》，载《法学研究》2021 年第 1 期。

②　张海涛：《政治与法律的耦合结构：党内法规的社会系统论分析》，载《交大法学》2018 年第 1 期。

③　王婵、肖金明：《党内规范性文件的概念、属性、定位》，载《中共天津市委党校学报》2019 年第 5 期。

④　张海涛：《"国家法律高于党内法规"的理论反思与关系重构》，载《湖北社会科学》2020 年第 3 期。

⑤　欧爱民：《党内法规与国家法律关系论》，社会科学文献出版社 2018 年版，第 189 页。

具体党政联合发文的规范属性。① 也有观点提出，在中国特色"政治-法律"场域中党政联合发文具有意识形态、法治体系与制度规范的三重属性。② 总体而言，基于实践中丰富的党政联合发文现象，目前研究并未就党政联合发文的性质达成共识，争议主要集中在其是否具有"法律"属性的问题。

另外需要强调的是，以前述党内法规"七类名称"作为区分标准，党政联合发文包括党内法规（即符合七类名称）和党的规范性文件，但有关研究鲜少区分党政联合发文之中的党内法规及党的规范性文件，要么统一囊括至"党政联合发文"的语境中，要么将党内法规等同于"党政联合发文"，忽视了党的规范性文件。这源于长期以来对党的规范性文件规范效力的忽视，仅仅认为其是党组织通过政策的形式领导国家治理的一种方式，在法学领域的研究空间不大。但是党的规范性文件在我国国家治理中不止发挥传统意义上政策的效力，在生态环境保护领域之中，其在事实上调整了生态环境保护多个方面的具体事务，具有相应的规范效力（具体参见下文），起码在部门法角度说明：党政联合发文是实现党的规范性文件之规范效力的重要场域，为更好发挥党的规范性文件在国家治理中的规范功效提供了可行性路径，在生态环境治理与生态文明体制改革中发挥重要作用。回避党的规范性文件的规范内涵及效力问题，将难以证成其在现实中参与社会事务的正当性，而已有研究对此缺乏关注，需要加以专门分析。

二、生态环境保护领域中党的规范性文件所发挥的效力

生态环境问题具有复杂性、多面性，以解决环境问题为导向的生态文明制度必然需要实现多元规范体系的动态协同。在法理上，传统法律是在"人-人"行为模式的基础上调整社会关系，而环境法的调整模式是建立在"人-环境-人"行为模式基础上③。环境法所调整社会关系的转变需要在一定程度上变革传统法律的行为规范理念和治理逻辑。前文已述，在我国实现国家治理现代化的过程中，党的规范性文件发挥了不可替代的重要作用和影响，不能简单地视为"政策"，而应

---

① 孟欣然：《党政联合发文规范属性探析》，载《浙江学刊》2022 年第 1 期。
② 王立峰、李洪川：《党内法规的三重属性》，载《学习与实践》2021 年第 1 期。
③ 吕忠梅主编：《环境法导论》（第三版），北京大学出版社 2015 年版，第 29 页。

充分认识到其客观性、必要性和合理性。在某种意义上，根据我国生态文明建设的现实情况看，除国家法律以外的多元规范、特别是党的规范性文件在生态文明体制改革中发挥了比国家法律更为关键的作用，事实上具备了制度创新、构建的效力。规范效力本质是某些规定本身所具有或者被赋予的约束属性。判定某类规范是否在现实中发挥了规范效力，要看其效力的约束程度多高、约束体现在何处以及约束的实现情况。以下选取近年来生态文明建设中具有典型性、代表性的三个制度领域，分析党的规范性文件（即排除了属于前述"七类名称"的狭义党内法规）在其中发挥的重要作用，分析其发挥的特殊的规范效力。

（一）环保垂直管理改革

一直以来，"以块为主"的环保管理体制导致了我国生态环境保护中的许多突出问题。所谓以块为主，是指我国传统的行政管理体制以属地管理为基本特征之一。具体到环保管理体制中，就是以层级制为基础划分生态环境保护职能范畴，中央统一监督管理全国的生态环境保护工作，各级地方政府分别对本行政区划内的生态环境保护问题负责，各级地方政府内有关职能部门具体承担此项工作。尽管"以块为主"的地方环保管理体制在一段历史时期内满足了国家治理和社会管理的需要，但是伴随社会经济的高速发展、生态环境形势愈加严峻，传统的环保行政管理中逐渐暴露出职权分配不清、责任追究难以落实、工作执行分割严重、地方保护主义普遍、跨区域环境问题难以解决等现象①，无法适应我国的生态环境保护的实践需求。为适应生态文明建设的时代需要，环境行政管理体制改革迫在眉睫，国家逐步探索建立健全"条块结合"的地方环境保护管理体制，改善以往"以块为主"进行生态环境监督管理所产生的弊端，探索垂直管理制度改革的路径与方向。

环保垂直管理制度改革的本质目的，是消除因地域划分管理职能范畴与界线而带来的行政局限。通过垂直管理，上收地方的部分生态环境保护职权，强化对地方环境行政管理部门的统一调控和监管。2016 年，中共中央办公厅、国务院办公厅印发《关于省以下环保机构监测监察执法垂直管理制度改革试点工作的指

---

①　吕忠梅：《监管环境监管者：立法缺失及制度构建》，载《法商研究》2009 年第 5 期。

导意见》(以下简称《环保垂直管理改革指导意见》),将生态环境保护行政权限统一收归省里、组建省以下地方环保执法队伍的垂直管理体制。根据《环保垂直管理改革指导意见》,市、县环保部门职能上收,环境监察职能将由省级环保部门统一行使,通过派驻等形式实现,上收的范畴包括基层环保部门的人员、经费以及机构;取消环境保护属地管理,市级环保部门实行以省级环保厅为主、市级政府为辅的双重管理机制,县级环保部门调整为上级环保部门的派出分局(即派出机构)。概言之,环保垂直管理改革实施后,县级生态环境分局不再直接享有执法授权,而是作为市级生态环境主管部门的派出机构。省级生态环境部门的主要职责在于强化统筹协调与监督指导功能,而不直接设立执法队伍;相比之下,市县两级则承担着主要的执法责任。在将基层环保部门职能上收的同时,《环保垂直管理改革指导意见》依然十分重视地方的生态环境保护责任,重点强调了地方各级党委和政府及其领导成员的责任考核与承担,要求围绕生态环境质量状况开展对地方党政领导的考核评价。从性质上看,环保垂直管理制度改革以前述《环保垂直管理改革指导意见》为依据,但该党政联合发文并不属于党内法规的"七类名称",因此属于党的规范性文件。该文件也并未按照一般规范文件中罗列条款的方式规定制度内容,但实际统领、指导、规范了地方环境保护管理体制的革新运行。《环保垂直管理改革指导意见》实施后,我国环境行政管理与执法的格局发生了重大变化,包括省级部门权力扩大、市县执法重心下移、人事任免权力调整、地方环保责任增强等。深入剖析《环保垂直管理改革指导意见》所提出的改革要求,一方面是改革环境监察体系,监督党委和政府的生态环境保护管理工作;另一方面是改革环境执法体系,保障生态文明制度的实践运行,加速推动我国绿色发展转型的步伐。《环保垂直管理改革指导意见》对生态环境保护责任清单、上收环境监察职能、上收环境质量监测、下移环境执法重心、市(地)级派出县级环保分局、市(地)级环保部门双重管理等事项进行了明确规定,从根本上推动了我国生态环境管理体制的变革,克服传统科层制逻辑在环境监管执法上的失效。①

可见,《环保垂直管理改革指导意见》作为党的规范性文件,它规定的内容同

① 陈海嵩:《我国环境监管转型的制度逻辑》,载《法商研究》2019年第5期。

时涉及党委和政府两类主体的事项，在实践中对相应生态环境问题的处理产生了约束性的规范效力，突破了一直以来环境问题分割分治的瓶颈。垂直管理制度改革从生态环境治理基础制度和基本体制入手，解决一直以来制约生态环境保护的机制体制障碍，推动了我国生态环境质量的改善。即便《环保垂直管理改革指导意见》在定性上只能属于"规范性文件"，但是在我国生态文明改革的进程中，其作为党的规范性文件实际发挥了特殊的规范效力，即作为指导环境垂直管理改革的实际依据。在整个改革进程中，包括选取试点城市、总结实践经验、完善制度体系、全面实践运用等多个环节，《环保垂直管理改革指导意见》都在事实上发挥了多方位的规范功能。分析其在生态文明建设中发挥规范效力的现实路径，应当认为党的规范性文件所发挥的特殊规范效力具有一定的科学性、规律性和逻辑性。党政联合发文首先运用在同时涉及党委管理和政府管理的行政领域，这些领域往往更强调发挥党的领导作用；其次，相较于单纯政府发布的规范性文件，以党政联合发文的形式规定制度内容，往往能够保障规范性文件在宏观上聚焦前沿问题，更关注实践中改革拓新的迫切需求；最后在我国当今的发展阶段，包括党的规范性文件在内的多元规范，往往能够补足法律规范体系的短板，尤其对于国家法律体系而言，在严格的立法程序之外，党的规范性文件能够灵活地为实践问题和变革需求提供制度供给、完善的路径和依据。在这一改革中，《环保垂直管理改革指导意见》重新架构了地方环保管理体制改革的框架，在一定程度上突破了现有《环境保护法》在环境管理体制上的规定（第 10 条），使其适应生态文明体制改革的要求[①]；或者说，通过制定符合生态环境保护实践的特殊制度内容，在生态环境保护领域为我国探索实施垂直管理体制提供了具体的操作方案，是作为"党政联合发文"的党的规范性文件发挥特殊规范效力之具体表现。以此为依据，我国环保垂直管理改革具备了可行的制度依据，由此在全国展开垂改工作并普遍施行，贯彻落实党中央提出的思路、方案和要求。

（二）生态保护补偿制度改革

党的规范性文件在生态文明建设中切实地发挥作用、推进制度改革创新，约

[①] 陈海嵩：《生态环境政党法治的生成及其规范化》，载《法学》2019 年第 5 期。

束经济社会发展中个体和组织的行为，另外一个代表性的领域是生态保护补偿制度领域。生态保护补偿是生态文明建设的重要制度之一，基本逻辑是通过环境外部不经济性"内部化"解决生态环境保护的问题。按照生态文明体制改革精神，生态保护补偿是为了贯彻落实"损害担责"原则，通过对生态环境正外部性行为给予一定的补偿，避免或填补因生产资源分配不平均导致过度使用生态环境公共资源的现象。虽然我国较早认识到了生态保护补偿制度的重要性，但却迟迟没有能够制定针对性的法律法规。长期以来，只有《环境保护法》第31条原则性规定了"国家建立、健全生态保护补偿制度"，明确了国家和地方政府落实生态保护补偿工作的职责。除这一宏观性、指导性、原则性的条款之外，仍然未能确定关于生态保护补偿制度内容的具体安排。由此导致了我国生态保护补偿制度长期缺乏规范依据的调整和约束。虽然相关部门和各级地方政府积极探索构建生态保护补偿机制，但是实践中各项工作的推进主要依赖于各项政策的颁布。尽管我国生态保护补偿的政策体系已经相对完善，但仍然需要统一的规范依据加以统领，否则难以整合我国生态保护补偿实践中庞杂的内容，阻滞了这一制度在生态文明建设中的持续深入发展。

2021年9月，中共中央办公厅、国务院办公厅印发《关于深化生态保护补偿制度改革的意见》，在形式上属于党的规范性文件。其虽然并非通过颁布国家法律的形式明确制度内容，但也在一定程度上回应了《环境保护法》中"生态保护补偿"的制度完善需求，确定了制度发展的实践方向和期望目标，并规定了关于生态保护补偿的十大重要措施。作为规范党委与政府相应事务的规范性文件，《关于深化生态保护补偿制度改革的意见》并没有严格按照法律规范中的条文形式，但是其中的内容均是实际意义上规范生态保护补偿制度的依据。

具体而言，在我国长期探索完善生态保护补偿制度的实践基础上，《关于深化生态保护补偿制度改革的意见》一方面总结了过往的经验，梳理并回应了现实存在的制度短板和制度不足；另一方面全局谋划和系统设计了我国未来的生态保护补偿机制建设方向，清晰描绘出这一制度在我国生态文明建设中的改革路线图。《关于深化生态保护补偿制度改革的意见》明确了生态保护补偿制度的总体要求，包括有效市场和有为政府发挥合力、分类补偿与综合补偿统筹兼顾、纵向补偿与横向补偿协调推进、强化激励与硬化约束协同发力，其中的一大亮点是指明未来生态保护补偿制度改革的工作原则为"系统推进、政策协同、政府主导、各方参与、强化激励、硬化约束",进而提出从生态保护成本、提升公共服务保障能力和体现受益者付费原则三个维度深化改革,建立与经济社会发展状况相适应的生态保护补偿制度。据此,生态保护补偿制度的发展和完善应当聚焦重要生态环境要素,完善分类补偿制度;应当围绕国家生态安全重点,健全综合补偿制度;应当发挥市场机制作用,加快推进多元化补偿;应当完善相关领域配套措施,增强改革协同;应当树牢生态保护责任意识,强化激励约束。该意见进一步划分生态保护补偿的政府和市场权责边界,强调生态保护补偿制度应当是政府主导有力、社会参与有序、市场调节有效的;改革生态保护补偿分类体系和转移支付测算办法,关注不同生态环境要素,考虑生态环境系统性、整体性的内在规律;统筹兼顾生态文明建设中的制度治理效能,通过"受益者负担"的方式平衡环境公共利益的分配。同时,《关于深化生态保护补偿制度改革的意见》对政府和社会公众等各类主体也提出了相应的规范性要求,具体已在第二章中论述,此处不再赘述。

(三)生态环境损害赔偿改革

总体而言,生态环境损害的救济路径包括公法路径和私法路径。在公法领域主要表现为惩治生态环境领域的违法犯罪行为,包括刑事处罚和行政处罚;在私法领域主要表现为弥补因生态环境损害造成的个人人身、财产损失以及生态环境自身的损害。实践中,针对生态环境损害救济,我国已形成以行政权为主导的公法机制,以及以审判权为主导的私法机制。[1] 尽管我国生态环境损害已经在救济模式上完成了公、私划分,但是一直以来,基于生态环境保护的公共利益属性,损害救济主要以公法手段为主,行为惩罚在损害追责中占据较大比重,而私法救济手段缺乏制度构建及规范依据。这一生态环境损害救济的格局,原因在于未充分考虑救济目标的特性、未结合生态环境自身需求展开直接救济,救济程度无法满足现实中平衡环境公共利益的需求。因此,迫切需要完善生态环境损害救济制

---

[1] 彭中遥:《生态环境损害救济机制的体系化构建》,载《北京社会科学》2021 年第 9 期。

度，生态环境损害赔偿制度应运而生，赔偿的对象既包括因损害行为造成的经济价值损失，也包括因此产生的生态价值损失，目的是充分救济因生态破坏或环境污染带来的损害后果。其遵循环境法"损害担责"的基本原则，救济受损的环境公共利益，救济手段主要通过私法路径实现。

从制度构建过程看，生态环境损害制度的创设体现了"先试先行""实践先行"的方式。在国家立法滞后的现实情况下，中共中央办公厅、国务院办公厅在2015年印发《生态环境损害赔偿制度改革试点方案》（以下简称《试点方案》），开启了我国逐步建立生态环境损害赔偿制度的探索之路。《试点方案》中明确了该制度改革的总体要求和目标，即"探索建立生态环境损害的修复和赔偿制度"；首次在"损害赔偿"的基础上提出了"环境有价"的原则，同时明确了试点开展应当遵循的其他原则；开拓性地界定了生态环境损害的概念，以"不利改变"和"功能退化"作为环境要素和生物要素损害的表征，前者包括大气、水体、土壤等要素，后者包括动物、植物、微生物等要素；同时通过肯定列举和否定列举的方式，明确了生态环境损害赔偿制度中责任追究的情形，即公共性生态利益和环境利益受损时。《试点方案》虽然在形式是党政部门联合发布的规范性文件，但是实际上成为我国生态环境损害赔偿制度构建的规范依据，在生态文明建设的重点领域中发挥了特殊的规范效力。《试点方案》明确规定了具体的制度方案，包括损害赔偿范围、赔偿义务人与权利人、磋商机制、诉讼规则、赔偿与修复的执行监督、鉴定评估以及资金管理的内容，完整地构建了生态环境损害赔偿制度的框架。尤其是重点规范了制度运行的配套保障措施，保证该制度得以实施并产生现实效果。

在生态环境损害赔偿制度改革试点工作稳步推进基础上，中共中央办公厅、国务院办公厅于2017年印发《生态环境损害赔偿制度改革方案》（以下简称《改革方案》）。该方案总结了此前7个省市开展改革试点的实践经验，承继了2015年《试点方案》的基本制度框架，进一步丰富、完善了该制度改革的具体内容，以便更好地应对生态文明建设的现实需要。《改革方案》首先确定了生态环境损害赔偿制度改革的阶段性目标：到2020年在全国范围内初步构建生态环境损害赔偿制度；结合原先确定的适用范围，细化了各地区根据实际情况综合确定生态环境损害的具体情形；根据实践需求，相应扩大了赔偿权利人的主体范畴，即除了省级政府以外，地市级政府同样有权作为赔偿权利人，同时更进一步细化了赔偿权利人的职责分工。《改革方案》最引人关注的革新点，即增设了赔偿磋商作为提起生态环境损害赔偿民事诉讼的前置程序：不允许赔偿权利人未经磋商程序直接提起生态环境损害赔偿之诉，只有在磋商未达成一致的情况下，赔偿权利人才能启动诉讼程序救济受损的生态环境。同时，《改革方案》丰富了赔偿磋商的制度程序，例如：增加了赔偿协议司法确认的内容、给予了赔偿协议具有强制力的可能性等。目前，我国已经构建了责任明确、赔偿到位、修复有效的生态环境损害赔偿制度。

总结我国生态环境损害赔偿制度发展过程，一个显著的特征是：由于客观上缺乏国家法律的有关规定，导致较长一段时间内生态环境损害赔偿存在空白。根据党中央的有关部署，该制度得以确立并不断探索革新，即通过党政联合发文（前述《试点方案》和《改革方案》）的方式构建了生态环境损害赔偿的制度框架，保障了制度功能的实现，因此党的规范性文件是生态环境损害赔偿制度存在的现实基础，不能否认它们在制度发展中发挥的特殊规范效力。2015 年《试点方案》和随后 2017 年的《改革方案》，都是党的规范性文件在事实层面发挥规范效力的现实佐证，是该制度实施的规范依据。

应注意到，即便 2020 年我国《民法典》颁布后，侵权责任编在"环境污染和生态破坏责任"专章中回应了生态环境损害赔偿制度改革的立法需求，专门规定了生态环境损害责任（《民法典》第 1234 条、第 1235 条），在实体法层面确认了该制度的正当性和请求权基础，区分生态环境私益侵权责任和对生态环境公共利益损害进行救济的生态环境损害责任[①]，体现《民法典》"绿色原则"的要求。但基于私法救济社会公共利益的有限性和谦抑性，《民法典》无法做到全面、完善地规定生态环境损害赔偿制度的具体内容。因此前述党政联合发布的规范性文件（即 2017 年《改革方案》）仍然是现实中该制度运行的主要规范依据。直到 2022 年生态环境部等十四家单位共同印发《生态环境损害赔偿管理规定》，才通过国家法律（属性为部门规章）的方式规定了生态环境损害赔偿的制度内容，但是党的规范性文件依旧在实践中对这一制度发挥着重要作用，也得到了环境司法裁判的认

---

①　徐以祥：《〈民法典〉中生态环境损害责任的规范解释》，载《法学评论》2021 年第 2 期。

可和援引。① 以现实角度观之，党的规范性文件是生态环境损害救济中制度设立、运行、完善的规范依据，甚至是该制度初创阶段的唯一规范依据。这意味着党的规范性文件在特殊时期、特殊领域发挥了重要的规范作用，保障了中国特色社会主义法治建设中的制度创新，构成了生态文明建设的中国经验。

三、党的规范性文件产生规范效力的要件

从前文分析可知，党的规范性文件在生态文明建设过程中发挥了无可替代的作用，产生了相应的规范效力，是我国生态环境治理的实践经验成果，有效规范并监督党委政府履行生态环境保护职责，对一些生态环境保护国家与社会事务进行了调整，既包括宏观上确定与完善制度体系，又包括微观上细化制度落实的配套措施。毋庸置疑，以"党政联合发文"为表现形式的党的规范性文件在我国生态环境保护领域具备现实的规范效力。这正如有研究指出的，党政联合发文既是管党治党的依据，又是治国理政的规范。②

当然，党的规范性文件毕竟不同于传统的国家法律，也不能简单等同为狭义上的党内法规。这就需要明确其在我国生态文明法治体系中的功能定位。本书主张，党的规范性文件产生规范效力、调整国家与社会事务具有一定的特殊性，需要具备相应的条件，绝不是所有的党的规范性文件都能具备前述规范效力。这意味着，需要坚持党内法规（狭义）和党的规范性文件的区分，不能因为党的规范性文件也可能具备规范效力而混淆两者的不同；党内法规当然具有相应的规范效力，而只有重要、特殊的党的规范性文件在符合特定条件情况下，能够产生特定的规范效力。这些要件归纳起来，主要包括三个方面：

（一）调整事项的重要性

党的规范性文件在中国特色社会主义建设中不断推陈出新，拥有蓬勃的生命

---

① 相应司法案件有：河北省高级人民法院(2018)冀民终 758 号民事判决书、重庆市第一中级人民法院(2020)渝 01 民初 195 号民事判决书、山东省济南市中级人民法院(2017)鲁 01 民初 1467 号民事判决书。上述判决书均引用中办、国办 2017 年《生态环境损害赔偿制度改革方案》作为裁判依据之一。

② 欧爱民、贺丽：《正当性、类型与边界——党内法规溢出效力的理论建构》，载《湘潭大学学报(哲学社会科学版)》2020 年第 4 期。

力，原因在于其适应我国国家治理体系与治理能力现代化的实践需求。之所以党的规范性文件能够实际发挥特殊的规范效力，是因为它所适用的调整范畴和领域具有一定的特殊性。承认党的规范性文件作为多元规范在我国国家治理体系中的重要地位，但不等于它的效力范围漫无边际。党的规范性文件的调整事项具有十分明确的指向性，不是任意妄为、事无巨细地规定每个领域的每一项制度，而是服从于党中央的战略部署，发挥其灵活精炼、针对性强的自身优势。党中央的决策部署是新时期开创社会主义事业的理论指导和行动指南。为推动高质量发展，必须加快推进重点领域的制度革新，以实际行动贯彻落实党中央的决策部署。然而，重点领域的改革必然需要与发展阶段相配套的制度规范，以此作为各项改革部署落地见效的桥梁。基于中国共产党的全面领导，党的规范体系不仅需要完成管党治党的本职工作，还需要服务于党外关键领域的制度变革，包括党内法规和党的规范性文件，在特定的情形下对国家治理中的重要事项发挥事实上的规范约束作用。这一特定情形，就是服务于重点领域改革的迫切需要。

这一现象在生态环境保护中格外突出，即是生态文明建设的重要性、迫切性决定了党的规范性文件在此领域所发挥的突出作用。党的十八大以来，党中央把生态文明建设纳入中国特色社会主义事业"五位一体"总体布局中，上升到了前所未有的战略高度，提出了一系列新理念新思想新战略。① 党的二十大将"人与自然和谐共生的现代化"上升到"中国式现代化"的内涵之一，明确了新时代中国生态文明建设的战略任务。在新时代生态文明建设、实现人与自然和谐共生的时代背景下，生态环境保护的重要程度不言而喻，相关的制度创新和体制改革不断开展，逐步构建了生态环境治理体系。党的规范性文件在其中发挥了无可替代的关键作用，一方面具备较为详细的规范内容，服务于生态环境治理之中，对生态文明建设中的具体事项产生实际的强制力与约束力；另一方面推进了生态文明制度"先试先行"的特殊实践，激发了制度体制改革创新的活力，保障国家可持续发展战略目标的实现。在这一意义上说，"生态文明体制改革的主要规范依据是党和

---

① 唐辉、杨海莺：《论"五位一体"总体布局中的生态文明建设》，载《社会主义研究》2022 年第 5 期。

国家的规范性文件"①。党的规范性文件构成我国生态文明法治体系的重要组成部分，它们并不是为解决单一环境问题而提出"临时性替代规范"，而是为实现人与自然和谐相处的目标，在生态文明领域建设和改革中开辟发展路径，包括制度创设、体制改革和机制完善，客观上发挥了类比于法治规范的约束效力。

由此可见，具有规范效力的党的规范性文件，其调整对象必然是当前阶段中国特色社会主义建设中的重点任务，往往体现为"党政联合发文"的形式，是国家与社会治理的关键环节之一。在这些领域内，必须不断推进改革创新，才能实现高质量发展目标，而改革创新就必须结合实践需求，科学合理地完善、配套制度依据。因此党政联合发布的规范性文件在其中占据了举足轻重的地位，虽然在形式上属于规范性文件，但它是将党的领导贯彻落实到国家治理之中的中间环节，并保障党和国家意志体现于重点领域的发展过程，因此它能够成为国家改革创新事业的支撑依据。客观上，为全面贯彻落实党中央关于某一重点领域的决策部署，即便出台了国家法律层面的规范依据，在实现制度功能和制度目标等一系列具体问题上，仍旧需要诸多配套规则，尤其是党政联合发布的规范性文件，能够有效地引导、推进制度的细化、完善和发展，使得国家法律、党内法规、党的规范性文件等多元规范类型发挥合力。

(二) 内在属性的双重性

在现有的研究中，学者们提出党内法规的"溢出效力"，即党内法规发挥作用的对象不仅限于党内，而是对一定党外事务也产生约束和规范作用，并且这一规范效力在一定程度上可以比肩国家法律的功能与作用。事实上，党的规范性文件同样具备政治和法律的双重属性，其规范效力兼具灵活性与强制力。但是也必须注意到，党内法规与党的规范性文件两者规范效力的侧重点各有不同。一般而言，党内法规更侧重于规范党内事务，由此产生的党外约束效力并非其主要目的。相比之下，党的规范性文件发挥规范效力的途径更具有政治属性，其内容往往直接涉及对党外事务的调整。为赋予其被运用于国家治理之中的正当性和可实

---

① 陈海嵩：《生态文明体制改革的环境法思考》，载《中国地质大学学报(社会科学版)》2018 年第 2 期。

施性，党的规范性文件的发布通常采取党政联合发文的手段，因此党的规范性文件也可以被理解为是国家政策与党的政策的集合体，既是党的规范性文件，也是国家政策。有学者指出，与纯粹的党内法规不同，党政联合发文往往调整国家社会事务或者混合性事务；针对纯粹的党内事务，党政机关没有必要联合发文。①

基于这一认识，笔者认为，之所以长期以来学术界对于党的规范体系之现实效用的关注，集中在党内法规的"溢出效力"而忽略了党的规范性文件之规范效力，其原因在于党内法规与党的规范性文件两者之间的差异性。相较之下，党内法规的"法律"属性更强，归属于党内法规体系中，规范了党内事务和党的制度运行，是中国特色社会主义法治体系的组成部分，谈论党内法规在国家与社会事务中产生的规范效力，即便将这一效力认定为"溢出效力"，也更符合人们普遍对于规范依据的理解；而党的规范性文件由于不具备"七类名称"，不能归属于党内法规体系，故而很大程度"游离"在中国特色社会主义法治体系之外。党的规范性文件更具有"政策"属性，虽然是党的领导全面贯彻于国家治理的实践成果，但人们往往简单地认为其严肃性、稳定性、强制力较弱，学界对于党的规范性文件缺乏一定的认识，忽略了它在现实中可以发挥相应规范效力、在特定情况下甚至比国家法律更为重要的客观事实。前文对三个生态环境保护领域的分析，已经证明了这一点。更为重要的，党的规范性文件本就是执政党意志的具体体现，事实上具备调整国家与社会事务的功能属性；如果仅仅将党的规范性文件解读为"党的政策"，就难以正确认识它在国家与社会事务治理中发挥的重要作用。至少在生态环境保护领域，如果僵硬地秉持形式法治立场，将党的政策文件一概排除在法治视域之外，就人为地割裂和掩盖了执政党在生态文明建设中发挥的领导核心作用。②

当然，即便党内法规和党的规范性文件都会对党外事务产生约束性的影响，也不能直接参照党内法规相关研究的证成逻辑，推定党的规范性文件之规范效力与党内法规的"溢出效力"完全相同，否则区分党内法规和党的规范性文件将丧失

---

① 封丽霞：《党政联合发文的制度逻辑及其规范化问题》，载《法学研究》2021年第1期。

② 陈海嵩：《生态环境政党法治的生成及其规范化》，载《法学》2019年第5期。

意义。目前，学界缺乏有关党的规范性文件之规范效力的专门研究，以往未严格区分党内法规与党的规范性文件之形式要件，推定二者所发挥的规范效力具有相似性。但是党内法规的规范效力，是其发挥作用时客观存在的效力"外溢"现象，并非直接约束党外事务，故称之为"溢出效力"。党的规范性文件是党组织和政府相互协作、共同治理国家所采取的方式之一，尤其体现在党政联合发文中，以直接规范、调整相关党和国家的事务为目的，因此能够作为我国全面深化改革和制度创新的正当依据，在特定情况下对相应事务产生规范效力。故笔者认为对二者的规范效力有所区分，党的规范性文件所具备的规范效力并非所谓"溢出效力"，而是其在符合特定条件下所具备的规范效力。

进一步说，党的规范性文件在事实上具备法治功能及规范效力，这与它在性质上属于规范性文件并无冲突。将"政策"与"法律"完全割裂、简单认为政策就是所谓"人治"是对我国国家与社会治理方式的重大误读，是必须要克服的认知误区。"执政党的政策制定及其作用方式的改革是中国法治持续发展的重要保障。"①实践中，党的规范性文件作为多元规范类型之一参与到国家治理之中，承担了制度创设、制度完善和制度变革等方面重任，在各重点领域全面深化改革中发挥了最为首要、最为关键的作用，是制度运行的合理依据。因此，党的规范性文件之规范效力，展现了我国国家治理规范体系中政策与法律辩证统一的现实情况，具备政策形式的规范性文件同样可以发挥类似于国家法律的规范效力。同时，党的规范性文件的制定程序和制定形式更为灵活，能够不拘泥于"法律条款"的形式限制，内容上更突出体现政治立场与改革方向的指导性、可操作性，引领制度实践和制度发展。总而言之，党的规范性文件与正式意义上的法的渊源不同，但依旧可以构成环境法治的合理渊源。②

（三）发展目标的探索性

党的规范性文件和党内法规都归属于党的规范体系。虽然党的规范性文件并

---

① 肖金明：《为全面法治重构政策与法律关系》，载《中国行政管理》2013 年第 5 期。
② 朱军、杜群：《党内法规视域下生态环境保护法律责任与政治责任的功能协同》，载《理论月刊》2021 年第 10 期。

未被完全纳入中国特色社会主义法治体系，① 但应当认为它是我国国家治理所依据的多元规范之一。党的规范性文件在国家治理各方面中所产生的规范效力，即便其在形式上并不符合法律的要件，但它在实质上的规范效力并不一定弱于国家法律，只是这一规范效力的发挥具有一定的特殊性，包括在特定的领域、特定的历史时期或特殊的现实需求之中。国家治理实践中，党的规范性文件不仅会规定制度运行的具体措施，还会在特殊情况下承担制度创设的重任，发挥最为关键的作用。前述的环保垂直管理改革、生态环境损害赔偿制度改革等，就是依据"党政联合发文"的党的规范性文件开展试点加以确立，并在实践中不断完善制度构建。应注意到，具有规范效力的党的规范性文件往往具有试验性、前瞻性，该规范性文件的目标往往具有探索性、改革性。概括而言，党的规范性文件被适用于制度路径探索和开拓性"先试先行"之中，尤其体现在生态环境保护领域之中。

理解具有规范效力之党的规范性文件在发展目标上的探索性、改革性，应放置在从近年来我国全面深化改革的总体背景中。自党的十八届三中全会以来，我国迈入全面深化改革的新征程，对于改革进程中的制度设计和制度创新提出了更高的要求。推进全面深化改革的关键在于制度创新，需要多种规范类型发挥合力，不能仅凭国家立法"单打独斗"。有研究指出，通过党政联合发文，在相对小的范围进行创新制度的"先行先试"，能够为执政党推动制度改革创新以及国家正式立法明确实践情况、刺激需求、促进共识。② 在全面深化改革过程中，"先试先行"的路径主要适用于暂不具备制定国家法律条件的情形。③ "暂不具备条件"可以理解为时机不成熟或者实践中存在争议，此时党的规范性文件作为规范依据以满足制度运行和创新发展的迫切需求。法律的"立改废"是一个漫长且严肃的过程，但时代变迁、社会进步、制度更替的步伐越来越快，法律必然具有局限性和滞后性，但无法因为社会需求的任一变化就启动立法或者修法的程序，否则法律

---

① 为保持概念用语的统一性，中国特色社会主义法治体系之中所包含的"完善的党内法规体系"，应当从狭义上加以理解，即符合"七类名称"的形式要件。

② 封丽霞：《党政联合发文的制度逻辑及其规范化问题》，载《法学研究》2021 年第 1 期。

③ 秦前红、苏绍龙：《党内法规与国家法律衔接和协调的基准与路径》，载《法律科学》2016 年第 5 期。

的稳定性将会荡然无存。在社会转型和治理革新的关键时期，完全依赖修订或完善法律的方式适应现实的变化并非最适合的办法，因为难以保障制度创新的及时性，一定程度上还阻碍了改革的深入发展。为在"先试先行"中破题，通过党的规范性文件实现制度创新和变革，有利于发挥多元规范的灵活性优势应对现实的迫切需求。总体而言，在开拓、创新、探索的历史进程中，党的规范性文件致力于时代使命，通过党政联合发文的形式，一方面将党的领导贯彻于不断推陈出新的制度创新过程中，另一方面对实践产生规范的约束效力和现实作用，能够在生态文明建设中攻坚克难保驾护航，契合了国家治理现代化的特质，为我国生态文明体制改革的不断深化提供了规则保障。

第三节　生态环境党内法规制度与国家法律的关系

生态环境党内法规制度作为一种新出现的规范形态，在充分认识其具有的规范内涵和发挥作用之外，还必须明确其与一般意义上国家法律的相互关系，进一步揭示其在中国特色生态环境法治体系中所具有的独特作用。

从价值取向看，生态环境党内法规制度与国家法律是相互统一的，即都以"保障和改善环境民生"、提升公众在生态环境领域的"获得感"为评价标准。这与中国共产党"为人民服务"的基本宗旨具有同向性，两者在促进人民根本利益与生态环境福祉的价值取向上具有统一性。从发展目标看，生态环境的党内法规制度与国家法律也具有一致性，两者都以推进生态文明制度建设、实现国家治理体系与治理能力现代化为目标。党的十九大提出"坚持依规治党和依法治国有机统一"，为生态环境党内法规制度与国家法律的统一性和共同性提供了权威依据。

在肯定两者统一性的基础上，也必须认识到，生态环境党内法规制度与国家法律毕竟属于不同领域的制度规范，前者是针对党内事务的规范形态，体现党中央及全体党员的意志，是党内治理法治化的产物；后者是针对国家、公共事务的规范形态，体现全体人民的意志，是公共治理法治化的产物，因此两者在治理机制和具体构成上存在差异性，是根据不同规范对象而采取的不同治理方式。一般而言，根据党的十八届四中全会《中共中央关于全面推进依法治国若干重大问题的决定》中提出的"党规党纪严于国家法律"原则，生态环境党内法规是相较于国家法治更为严格的规范要求，在生态环境保护领域对各级党组织及党政领导干部提出了更加严密的行为与责任标准。前文对《党政领导干部生态环境损害责任追究办法（试行）》实施情况的实证考察，可为例证。这为认识生态环境党内法规制度与国家法律的关系提供了一般准则，体现出两者相互关系中的差异性。

在一般性准则的基础上，生态环境保护的特殊要求决定了生态环境党内法规制度与国家法律的相互关系具有更为丰富的面向。从我国生态文明建设及体制机制改革的实践看，生态环境党内法规制度在多个方面推动、促进、拓展了生态环境保护的国家法律及法律实施，两者具有多样化的互联互动关系。具体包括三种情形：

一、通过党内法规制度对国家立法的缺陷与空白进行弥补

长期以来，我国诸多环保领域尚未制定相应的法律法规，许多现实问题找不到法律依据[1]；同时，我国的环境司法也一直未能发挥应有的作用，无法有效维护生态环境权益。[2] 在全面推进依法治国、加快建设社会主义法治国家的时代背景和迫切需求下，就有必要通过党内法规制度弥补特定领域的环境立法空白，同时通过严格的法律责任追究，有效维护生态环境权益、保障环境公共利益的实现。

这方面的代表是生态环境损害赔偿制度的创建及相应司法实践。如何对造成公共性生态环境损害的责任人进行追责和索赔，及时修复受损的生态环境，在我国环境法律中并未有明确规定[3]，显然构成了法律上的空白而不利于环境公共利益的实现。这正是生态环境损害赔偿制度改革的出发点，并通过党的规范性文件（《生态环境损害赔偿制度改革方案》等）创立环境法律制度的全新方式，展现了生态环境党内法规制度弥补环境法律缺陷、推进环境立法及环境司法的作用与意

---

[1]　汪劲等：《环保法治三十年：我们成功了吗》，北京大学出版社 2011 年版，第 208 页。

[2]　吕忠梅：《中国环境司法现状调查》，载《法学》2011 年第 4 期。

[3]　吕忠梅：《"生态环境损害赔偿"的法律辨析》，载《法学论坛》2017 年第 3 期。

义。具体过程前文已有论述，此处不再赘述。进一步而言，这些弥补空白的党内法规制度，对相关国家立法也起到了有力的推进作用，体现为党内法规向国家法律的转化，如《生态环境损害赔偿制度改革方案》转化为《民法典》第 1234 条、第 1235 条；"河长制""湖长制"被纳入《水污染防治法》《长江保护法》《黄河保护法》等。

二、通过党内法规制度对国家法律进行变革

这种方式意味着，根据生态文明体制改革的需要，通过党内法规制度对既有法律规定予以一定变革与调整。在生态环境领域全面深化改革的过程中，不可避免地涉及改革措施对原有法律法规的突破。此时，为积极稳妥地推动生态文明体制机制变革，就需要通过党内法规的路径适度突破原有环境法律的规定，实现改革与法治的统一。

这方面的代表是当前环境管理体制的改革创新。自 1989 年《环境保护法》确定"属地管理与分级管理相结合"原则以来，环境管理体制一直是阻碍我国环境法实施及生态环境保护工作的重要因素；一些地方政府不履行环境保护责任，已成为当前制约我国环境保护事业和环境法律实施的严重障碍。① 这一管理体制在 2014 年《环境保护法》中得到延续。为有效破解"地方保护主义"对环境法治的不利影响，2015 年中共中央、国务院《生态文明体制改革方案》中专门提出"建立和完善严格监管所有污染物排放的环境保护管理制度，建立权威统一的环境执法体制"。为落实这一改革任务，2016 年 9 月，中办、国办印发《关于省以下环保机构监测监察执法垂直管理制度改革试点工作的指导意见》（中办发〔2016〕63 号），在七省（市）进行环保垂直管理制度改革试点并在 2018 年全面推行，将县级环保部门调整为上级环保部门的派出机构（环保分局），由市级环保部门进行统一管理、调配本行政区域内的环境执法力量。这就在事实上突破了 2014 年《环境保护法》第 10 条"县级以上地方人民政府环境保护主管部门，对本行政区域环境保护工作实施统一监督管理"的规定，凸显了本次环保垂直管理改革的目标与任务，

① 吕忠梅：《监管环境监管者：立法缺失及制度构建》，载《法商研究》2009 年第 5 期。

即"解决制约环境保护事业发展的体制机制障碍，推动环境质量改善"①。可见，在《环境保护法》相关规定不能完全适应生态文明体制改革需要的情况下，通过党内法规路径对其中个别不能适应生态文明建设新形势的规定进行一定变革和调整，展现了通过党内法规制度推进生态文明体制机制变革的作用与意义。

通过党内法规制度突破原有法律规定的另外一个典型例证，是国家公园体制改革的实践。长期以来，我国的生态保护区域分散在自然保护区、风景名胜区、森林公园等多种类型之中，制度体系缺乏整体性和可操作性，相关立法位阶较低，实施效果差，亟待建立统一的自然保护地管理体制和法律制度。② 2013 年11 月，党的十八届三中全会《关于全面深化改革若干重大问题的决定》首次提出"建立国家公园体制"，并从 2015 年起在多个地方开展国家公园试点工作。2017年 9 月，中办、国办联合印发《建立国家公园体制总体方案》（以下简称《国家公园总体方案》），标志着国家公园体制改革的正式启动。在强调"生态保护第一"的基础上，当前的国家公园体制改革充分注重生态保护的实践需求，对既有相关立法形成了一定突破。其中最为突出的问题，是如何对待生态保护区域内的开发利用行为。1994 年国务院《自然保护区条例》第 27 条规定"禁止任何人进入自然保护区的核心区"，第 28 条规定"禁止在自然保护区的缓冲区开展旅游和生产经营活动"。这一看似严格的禁止性规定在实践中并未起到预期效果，与生态保护的实际需要也不相契合。有研究指出，自然保护区域是一个复杂的"人–环境"整体，相关数量的资源是可再生的，一定强度的开发利用甚至是有利的；"一刀切"的禁止开发既无必要，也不适应我国自然保护区中土地权属不清的现实情况。③从国外自然保护及国家公园的实践看，一个重要经验是不搞"一刀切"的"严防死守"，而是充分兼顾科学保护和社区发展的需要，在细化保护需求基础上进行干

①　王昆婷、童克难：《注重条块结合 强化履职尽责——解读〈关于省以下环保机构监测监察执法垂直管理制度改革试点工作的指导意见〉》，载《中国环境报》2016 年 9 月 23 日，第 1 版。

②　戴秀丽、周晗隽：《我国国家公园法律管理体制的问题及改进》，载《环境保护》2015 年第 14 期。

③　王蕾：《自然保护区就是禁止开发区吗?》，载《自然资源学报》2009 年第 8 期。

预并结合合理利用，取得明显成效。① 为实现"严格保护"和"合理利用"的平衡、实现生态、经济、社会综合效益的最大化，《国家公园总体方案》第 14 条"健全严格保护管理制度"中专门提出"除不损害生态系统的原住民生产生活设施改造和自然观光、科研、教育、旅游外，禁止其他开发建设活动"，允许在国家公园区域内开展合理的开发活动(包括原住民相关设施改造、观光、科研、教育、旅游等)，这就在一定程度上突破了前述《自然保护区条例》中过于僵化和不可操作的相关规定，为形成高效、科学的国家公园体制及其法律制度体系提供了重要支撑，为我国建立具有体系性、超前性、渐进性、本土性、协调性、针对性的国家公园立法提供了基础。② 上述分析可见，通过党内法规路径突破《自然保护区条例》中不能适应当前国家公园体制改革需要的规定，为我国国家公园立法提供试点经验和制度基础，同样展现了通过党内法规制度推进环境法治创新的作用与意义。

三、通过党内法规制度对国家法律中的原则性规定予以细化

一直以来，我国的环境立法受到"宜粗不宜细"理念的影响，普遍存在规定过于原则、缺乏可操作性的弊病，无法为复杂多样的生态环境保护工作提供足够的规范指引。③ 在中国特色社会主义法治体系中，解决法律可操作性问题除了优化环境立法质量、强化法律修改力度等传统措施外，也可以通过党内法规的方式对某一原则性规定进行细化，推进该领域的生态文明制度建设。考虑到立法资源的稀缺性、法律文本的有限性和法律修改的严格性，其与全面深化改革实践的紧迫性、全面性存在一定矛盾，需要采取更具灵活性和有效性的制度举措及时回应生态文明体制机制改革实践中的突出问题，由此创生了党内法规制度发挥作用的制度空间。

---

① 相关文献，参见陈叙图等：《法国国家公园体制改革的动因、经验及启示》，载《环境保护》2017 年第 19 期；苏杨等：《加拿大国家公园体制对中国国家公园体制建设的启示》，载《环境保护》2017 年第 20 期。

② 秦天宝：《论我国国家公园立法的几个维度》，载《环境保护》2018 年第 1 期。

③ 汪劲等：《环保法治三十年：我们成功了吗》，北京大学出版社 2011 年版，第 209 页。

这方面的代表是生态保护红线制度的落实。生态保护红线是环境资源承载能力得以实现的最小保护空间，以保障生产生活行为不超越自然生态系统的"阈值"，是实现国家生态安全、维持生态系统功能的核心制度，同样是生态文明体制改革的重要内容之一。2014年修订后《环境保护法》对"生态保护红线"予以法律确认，首次建立了生态保护红线制度①，但相关条款仅为原则性、宣示性条文，不具备直接适用的可操作性②，需要国家采取积极措施加以落实。2015年中共中央、国务院《生态文明体制改革方案》中提出"健全国土空间用途管制制度，将用途管制扩大到所有自然生态空间，防止不合理开发建设活动对生态红线的破坏"，明确了生态保护红线制度的发展目标与要求。2017年2月，中办、国办联合印发《关于划定并严守生态保护红线的若干意见》（厅字〔2017〕2号），明确了生态保护红线"落地"的总体目标、基本原则、具体要求与保障措施，要求在2020年完成全国范围内的生态保护红线划定与勘界定标工作，基本建立生态保护红线制度，形成一整套以地方党委政府"属地管理责任"为核心的生态保护红线管控、补偿与考核问责制度。在党中央"高位推动"所形成的政治压力下，各地也相继出台具体政策贯彻落实《关于划定并严守生态保护红线的若干意见》中提出的要求，稳步推进生态保护红线在实践中的"落地"，目前全国各省（市）基本完成生态保护红线的划定；生态保护红线的划定与严守情况已纳入中央环保督察的监督范围，做到严厉追责。通过党政体制内"目标形成—政策制定—贯彻落实"的路径实现《环境保护法》第29条在实践中的落实，展现了生态环境党内法规制度细化国家法律规定的作用与意义。

---

① 2014年修改后《环境保护法》第29条第1款规定："国家在重点生态功能区、生态环境敏感区和脆弱区等区域划定生态保护红线，实行严格保护。"

② 陈海嵩：《生态红线的规范效力与法治化路径》，载《现代法学》2014年第4期。

第四章 生态环境党内法规制度典型领域的规范分析

——以生态环境保护督察为例

生态环境保护督察是一项具有显著中国特色的生态文明体制改革举措，是我国生态环境党内法规制度的典型代表。该制度起源于区域环保督查、综合督察、环境监察等制度，形成环保督察制度并在实践中加以适用，经历了多次制度转型①。2016 年以来在全国范围内开展的中央环保督察，在督促、监督地方党委政府切实履行生态环境保护职责、解决重大环境问题上取得了明显成效，各级地方党委和政府落实新发展理念的主动性明显增强，扭转了传统上发展与保护"一手硬、一手软"的情况。② 2018 年党和国家机构改革后，环境保护督察制度得到深入发展，原有的中央环保督察进一步提升为"中央生态环境保护督察"，设立了专门的"中央生态环境保护督察办公室"，各地随后也开展了省级生态环境保护督察工作；2019 年中办、国办发布《中央生态环境保护督察工作规定》（以下简称《工作规定》），以党内法规形式明确了中央生态环境保护督察的制度构成、程序规范、权限责任等内容，同时确立了中央和省级两级督察体制。

随着 2019 年《工作规定》的发表与实施，生态环境保护督察法治化建设取得成效，形成较为稳定的制度体系，依法推动生态环境保护督察向纵深发展。全国各省相继出台生态环境保护督察的地方立法，即以省委、省政府名义出台《××省生态环境保护督察工作实施办法》。在实践中，目前已经形成了"一办六局"的

---

① 对此的梳理，参见陈海嵩：《环保督察制度法治化：定位、困境及其出路》，载《法学评论》2017 年第 3 期。

② 孙金龙：《我国生态文明建设发生历史性转折性全局性变化》，载《人民日报》2020 年 11 月 20 日，第 9 版。

中央生态环境保护督察组织体系，即中央生态环境保护督察办公室和生态环境部六个区域督察局，构成了开展各类生态环境保护督察工作的核心力量。同时，各省(自治区、直辖市)也组织了相应的生态环境保护督察机构及专门队伍。显然，生态环境保护督察是目前我国生态环境党内法规制度中最为成熟、最具影响的领域，能够在很大程度上对当前及未来其他领域的生态环境党内法规提供指引和借鉴。本章对生态环境保护督察制度进行全面的规范分析。

第一节 生态环境保护督察的双重属性及总体构造

一、生态环境保护督察的规范依据

在中国生态文明法治体系整体视野中，生态环境保护督察的规范依据呈现多元主义的特征，既包括一般意义上的国家法律，也包括党内法规、党的权威政策文件等，这在法理上属于现代治理体系中的多元规范。① 这些在生态环境保护督察领域均具有规范效力，需要进行全面的识别和梳理，由此明确生态环境保护督察在法律法规层面的供给现状。参见表4-1：

表4-1　　　　　　生态环境保护督察规范依据及其主要内容

名　称	发布时间	发布主体	主要相关内容
《环境保护法》	2014 年 5 月	全国人大常委会	规定地方各级人民政府对本行政区域的环境质量负责；上级人民政府及其环境保护主管部门应当加强对下级人民政府及其有关部门环境保护工作的监督
《关于加快推进生态文明建设的意见》	2015 年 4 月	中共中央、国务院	各级党委和政府对本地区生态文明建设负总责

① 对此的详细分析，参见刘作翔：《当代中国的规范体系：理论与制度结构》，载《中国社会科学》2019 年第 7 期。

名　　称	发布时间	发布主体	主要相关内容
《环境保护督察方案（试行）》	2015 年 8 月	中办、国办	建立环保督察工作机制，严格落实环境保护主体责任等
《党政领导干部生态环境损害责任追究办法(试行)》	2015 年 8 月	中办、国办	地方各级党委和政府对本地区生态环境和资源保护负总责，党委和政府主要领导成员承担主要责任
《中国共产党巡视工作条例》	2015 年 8 月	中办、国办	规范党的巡视工作和强化党内监督
《生态文明体制改革整体方案》	2015 年 9 月	中共中央、国务院	实行地方党委和政府领导成员生态文明建设一岗双责制。明确对地方党委和政府领导班子主要负责人、有关领导人员、部门负责人的追责情形和认定程序。提出终身追责制，建立环境保护督察制度
《关于省以下环保机构监测监察执法垂直管理制度改革试点工作的指导意见》	2016 年 9 月	中办、国办	地方党委和政府对本地区生态环境负总责，建立健全职责分明、分工合理的环境保护责任体系，加强监督检查，推动落实环境保护党政同责、一岗双责
《生态文明建设目标评价考核办法》	2016 年 12 月	中办、国办	各省、自治区、直辖市党委和政府生态文明建设目标进行评价考核
《领导干部自然资源资产离任审计规定（试行)》	2017 年 6 月	中办、国办	探索并逐步完善领导干部自然资源资产离任审计制度；审计对象主要是地方各级党委和政府主要领导干部
《中央生态环境保护督察工作规定》	2019 年 6 月	中办、国办	强调督察工作坚持党的全面领导；突出纪律责任；完善生态环境保护督察的顶层设计

依据表 4-1，目前生态环境保护督察的规范依据中，除《环境保护法》属于传

统的国家法律体系的范畴外，其余均属于党内法规或党的重要规范性文件，这一现状决定了生态环境保护督察所具有的双重属性和复合性功能(下文详述)。

二、生态环境保护督察的复合性功能

基于生态环境保护督察的规范依据与生成逻辑，可以看出，生态环境保护督察具有多个面向的特征与属性，这决定了其在生态文明总体系统中的复合性功能：

1. 生态环境保护督察具有明显的政治功能

生态环境保护督察以贯彻落实党中央、国务院决策部署为基本遵循，坚持以人民为中心，以解决突出生态环境问题、改善生态环境质量、推动高质量发展为重点，通过对地方党委政府及有关部门的监督，形成对各级党政领导干部强大的政治压力和行为强制，迫使其扭转"重经济轻环保"的意识，使生态文明建设深入地方党政领导机关的意识形态领域，凝聚政治共识，迫使其改变对生态环境保护的认识和行动。高级别政治权威的介入和对党内政治监督手段措施的借鉴，是生态环境保护督察能够迅速取得成效的核心要素，体现了其作为中国生态文明政治中的一环，贯彻落实党中央关于生态文明建设的意志，具有形塑政治共识、增强政治势能的功能面向。这在实践中体现为近年来我国生态环境质量及环境治理绩效取得了明显的提升，其中一个重要原因即为中央环保督察所驱动的环境治理整体性势能。①

2. 生态环境保护督察具有显著的法治功能

从制度生成机理看，生态环境保护督察所针对的现象，是一直以来环保政治共识匮乏而导致的环境法律实施的不足与落差。这决定了生态环境保护督察是实现环境法有效实施的核心举措，必然也具有法治属性。通过生态环境保护督察迫使地方政府严格、主动、积极履行环境保护职责，要求环境执法从选择性执法转向严格执法、从消极被动执法转向积极主动执法，要求地方党委政府作为生态环境法治的主体充分发挥主观能动性，积极履行职责，体现了现代法治从规范主义

---

① 陈涛、郭雪萍：《显著性绩效与结构性矛盾——中国环境治理绩效的一项总体分析》，载《南京工业大学学报(社会科学版)》2020 年第 6 期。

向功能主义的拓展，体现了生态环境保护督察作为生态文明法治建设中的一环，具有动态的法治实施功能。

　　总结而言，生态环境保护督察是顺应中国特色社会主义发展及生态文明建设需要而不断形成的、具有中国特色的制度安排，通过制度试点不断加以完善，是渐进主义改革路径中生成的制度变革①，其最为核心的要素是政治权威的强力介入，即以党中央、国务院的名义对地方党委政府履行生态环境保护职责的情况进行督察，充分利用了中央在地方人事权与惩戒权上的总体性保留及基于"党管干部"的一整套权力机制，对各地党政领导干部形成强大的政治压力和行为强制，本质上是一种"政治体检"。从国家治理体系与治理能力现代化角度看，上述方式是对国家作为政治主体"专断性权力"的充分运用，还需要运用法治思维和法治方式，将其逐步纳入国家治理的"常规性权力"之中。因此，对生态环境保护督察的全面考察，既不能以生态环境保护督察的政治属性否定其在生态文明法治体系中的规范效力，也不能以纯粹的实证法角度无视生态环境保护督察的政治功效。生态环境保护督察涉及"党""政"两大领域、具有政治与法律双重属性，文明建设中发挥着复合性功能，既是落实党中央重大决策部署的政治行为，也是具有规范性要求的法律规则。一方面，在应对现代复杂的生态环境时，传统注重形式合法性的监督手段往往不能完全适应，故需要借助政治权力实现实质化与合理性的监督；另一方面，从法治体系角度理解，生态环境保护督察通过对行政执法空间的实质化拘束填补了生态法治实质与形式的隔阂，促进了生态法治实质合理性与形式合理性的充分融合。

三、生态环境保护督察的规范体系

　　生态环境保护督察规范体系，是生态环境保护督察自身运作所涉及的规范形态；本章的研究不是列举事无巨细的琐碎规定，而是将影响生态环境保护督察顺畅运转的最为核心的技术、流程和措施上升到法律层面，特别是要通过对督察主体、督察对象、督察内容、督察程序、督察问责、后续监督等基本要素的系统化

---

　　①　刘小冰：《生态环境法律制度试点的作用机理、问题识别与完善路径》，载《南京工业大学学报(社会科学版)》2021 年第 6 期。

规定及整体联动，使生态环境保护督察的全过程都能在既定、完备的实体法治和程序法治轨道上稳定运行。生态环境保护督察规范体系分为内部构造和外部构造两个方面。

生态环境保护督察规范体系的内部构造，主要包括两个层面：在实体法层面上，需要在宪法央地关系的整体框架中，合理分配本领域中央及省级立法权限，明确两者在不同情形下的相互关系，进而完善生态环境保护督察"中央-省"两级立法，对各级生态环境保护督察主体、督察对象、督察内容进行针对性的规定，这是后文第二部分的主要内容；在程序法层面上，基于生态环境保护督察运行的全过程，明确例行督察及"回头看"、专项督察、定点督察的程序规则，确认派驻监察的特殊规则，形成对生态环境保护督察一般程序、简易程序、特殊程序"全覆盖"的法律规则构造。这是构建生态环境保护督察规范体系的核心内容。

生态环境保护督察规范体系的外部构造，是指生态环境保护督察与相关法律制度进行互动所形成的规范形态。基于法治体系整体性的要求，生态环境保护督察法律法规体系不仅仅需要完备的内部构造，也需要形成协调统一的外部关系，通过与外部法律法规的衔接与协调，保证生态环境保护督察的有效实施。生态环境保护督察在实践中，与已有的生态环境保护综合行政执法、环境公益诉讼制度和生态环境损害赔偿制度存在着一定重合或联动关系。相对于前述三类环境法律制度，生态环境保护督察制度具有重监督、综合性强的特点，在具体职能的分配、综合管理的便利性与专业管理的技术适应性等方面存在可能的冲突。为了解决这种潜在冲突，生态环境保护督察制度应当基于对相关法律制度的协同需求，建立合理分工、相互配合、整体提升的协同机制。如何对相关协同性需求予以落实，也是生态环境保护督察规范体系所需要考虑的方面。

第二节 生态环境保护督察制度的内部规范构造

一、生态环境保护督察的实体性规则

《中央生态环境保护督察工作规定》第 39 条规定："生态环境保护督察实行中央和省、自治区、直辖市两级督察体制。"这确立了生态环境保护督察"中央-

省"两级基础架构。为贯彻落实"重大改革于法有据"的精神，确保生态环境保护督察制度与实践"有法可依"，首要的就在于形成生态环境保护督察立法。根据我国"一元二级多层次"的立法体制，生态环境保护督察"中央-省"两级立法是兼顾中央法治统一性要求与地方治理自主性要求的核心环节。在合理分配中央与省级立法权限的基础上，完善生态环境保护督察"中央-省"的两级立法，是构建生态环境保护督察规范体系的先决性、基础性任务。

本部分基于我国宪法上央地关系条款的解释，结合各级生态环境保护督察的不同定位，阐明生态环境保护督察"中央-省"两级立法的相互关系，并在"中央-省"两级立法内在关系指引下，对生态环境保护督察主体、督察对象及督察内容等实体性问题的予以研究，明确生态环境保护督察的实体性规则。

(一) 生态环境保护督察中央立法与省级立法的总体关系

生态环境保护督察"中央-省"两级立法的相互关系的厘定，需要立足于宪法上的中央和地方立法权限划分，在对我国宪法上央地关系条款进行解释的基础上进行。我国《宪法》第 3 条第 4 款的规定，是处理中央与地方关系的基本原则。其中，"统一领导"和"积极性与主动性"的不同指向构成了理解央地关系的实质要素，应对其规范内涵作出解释，明确该条款在中央与地方立法事权分配实践中的规范价值①。具体而言，根据"统一领导"所蕴含的中央法治统一性要求，可以明确中央立法的方向及任务；而根据"积极性"和"主动性"所蕴含的地方治理自主性要求可对省级立法方向及任务提出指引。但是，宪法中"两个积极性"条款对央地关系的原则性规定，需要在实践中进一步匹配生态环境保护督察的法治化需求。生态环境保护督察是一种超越传统科层逻辑的新型治理机制，应从其行动意义出发来描述生态环境保护督察"中央-省"两级立法的关系，而不能仅靠简单的演绎论证方法。为此，研究生态环境保护督察"中央-省"两级立法的关系需要放置于动态发展的视角中，对生态环境保护督察开展的实践要素进行归纳，从而对生态环境保护督察"中央-省"两级立法的关系作出适应性描述。由于生态环境保

---

① 郑毅：《论中央与地方关系中的"积极性"与"主动性"原则》，载《政治与法律》2019年第 3 期。

护督察中督察主体、督察对象和督察内容等方面立法事项的性质具有较大差异，其规范化需求不一，故应在明确各实体性立法事项不同特征的基础上，对生态环境保护督察"中央-省"两级立法的关系予以具体认定，实现生态环境保护督察立法在统一性和灵活性上的统筹兼顾。

(二)"中央-省"两级立法对生态环境保护督察主体的设置

进行生态环境保护督察主体的立法，一是要明确其立法的重心，二是需根据督察主体的规定性特征明确"中央-省"两级立法的权限。为此，需要首先对目前各地的生态环境保护督察专门立法中所列举的主体类型予以识别和归纳。

1. 生态环境保护督察主体的立法事项

生态环境保护督察主体的立法事项应包括督察机构、督察工作人员及其督察权限三方面。为此，可从生态环境保护督察的实践出发，对中央及省级生态环境保护督察规定中的督察主体进行识别，从设置依据、组织权威、职权范围、运行机制等方面归纳督察主体的工作特征及其完善需求。在督察结构及其工作人员的规定方面，各省的生态环境保护督察立法在组织结构的规定上基本与《中央生态环境保护督察工作规定》保持一致，除北京市将生态环境保护督察工作小组设于在市委生态文明委之下外，基本形成"领导小组-督察办公室-督查组"的三层组织体系，同时督察领导小组的组成部门也与此基本一致。但在机构领导的产生方式各地则存在着较大的差异，可以分为三种情形：第一种情形，是明确规定领导小组的组长及副组长人选，如《福建省生态环境保护督察工作实施办法》规定领导小组组长由省委书记、省长担任，副组长由相关省领导担任，安徽省和北京市也采取了类似的规定方式；第二种情形，与《工作规定》采取类似的方式，如在山西和贵州，相关细则(或实施办法)规定领导小组组长、副组长由省委、省政府研究确定；第三种情形，如在江西和四川，相关细则(或实施办法)对领导小组组长、副组长的产生并未作出规定。

在督察职权的规定方面，中央与各省相关规定均作出明确的规定，与督察主体三层组织体系相配套，形成了"组织协调-日常工作/具体组织实施-承担具体任务"的环保督察职责体系，地方的相关规定主要贯彻中央的精神，对此并未作出调整。但是，目前有关督察主体的权责规定还主要限于统一性授权规定，生态环境保护督察作为一种系统性的治理过程,其在各环节的具体职责及其行使的条件和方式缺乏明确的规定,容易使得督察主体的概括授权的情况下产生越权与不作为,影响生态环境保护督察的预期实效。

基于此,生态环境保护督察主体立法的内容可从以下两个方面进行完善:首先,在督察机构方面,生态环境保护督察主体立法需要明晰"督察领导小组-督察办公室-督察组"三重组织结构间的法律关系及设立方式;在督察工作人员方面,根据其工作职责,将督察领导小组组长、副组长以及组成部门、督察办公室工作人员与督察组组长、副组长及其成员等具体参与生态环境保护督察的人员进行分类。其次,在督察权限上,根据生态环境保护督察工作的要求,提炼和归纳督察工作机构及其工作人员的职责与权力,并明确其在各环节适用的时限与程序。在完成类型化工作的基础上,从"法治国家""法治政府"建设的要求出发,提炼督察专门机构在组织法保障、督察工作人员职权的独立行使以及明晰督察主体权限等方面的立法需求。

2."中央-省"两级立法在督察主体事项上的权限配置及其实现

根据中央及地方立法事权划分的基本原理,结合督察主体事项的性质、影响范围、重要程度及调整方法等方面的因素,明确中央及省级立法在生态环境保护督察主体设置方面的权限。从央地事权分配的标准来看,督察主体的设置是集中体现督察政治属性、确保中央决策部署贯彻落实的关键环节,不能由地方各行其是,宜由中央立法作出规定。同时,由中央立法对督察主体的设置作出规定也符合《立法法》所规定的法律保留、法律优先原则,即生态环境保护督察专门机构及其职权配置应由法律(狭义)作出规定,属于中央立法专门事项。基于此,本书认为:在生态环境保护督察立法中关于督察主体事项的权限分配上,有关督察机构、督察工作人员与督察权限等具体问题的规定应由中央层面的立法作出,省级立法可就相关内容制定实施性规则,但对此并无创制权。生态环境保护督察作为一种贯彻中央意志以实现对地方治理目标及策略予以校准的新型治理机制,需要确保生态环境保护督察主体的同构性,将督察主体作为中央专属立法权限是实现督察统一高效实施的组织保障,防止地方立法进行创制性规定对同构性组织体系作出不当调整,从而影响生态环境保护督察中央意志的向下传达与督察策略的有效实施。

根据上述立法权限配置，相应的中央及省级立法应对生态环境保护督察专门机构、督察工作人员等事项作出明确规定，实现生态环境保护督察主体的规范化、体系化。具体包括：其一，针对督察专门机构，为解决督察机构的组织局限性问题，相应立法应确立督察机构的性质和地位，明确其产生方式与职责属性，其中最为核心的是通过中央立法明确生态环境保护督察机构在我国总体党政机构中的地位，保证其职权范围可以涵盖地方党委政府，以符合"党政同责"的基本原则。其二，针对督察工作人员，重点明确督察机构领导人选及一般工作人员的任选条件及方式。对于督察机构的领导人选，中央立法应明确各级生态环境保护督察工作领导小组组长的级别，避免"低配"问题，同时明确产生及任免的方式。对于一般工作人员，为推进督察专业化队伍建设，中央立法应对其资格要件及基本素质要求作出明确规定，同时实现党内法规与国家法律的衔接，可就具体任职资格要件是否适用《公务员法》以及具体的适用方式作出明确规定。

(三)"中央-省"两级立法对生态环境保护督察对象的规定

督察对象的特殊性是理解生态环境保护督察法治体系特征及独特价值的核心要素，督察对象立法的应首先明确督察对象的范围。在总体意义上而言，生态环境保护督察对象范围涵盖党、政两大系统。从理论上讲，生态环境保护督察的范围应该涵盖所有可能阻碍党中央意志贯彻的主体，但是任何制度资源都是有限的，需要抓住"关键主体"予以规制。生态环境保护督察对象的立法应基于"权责一致"的基本原则，在对相关主体进行规范评价的基础予以选择，并在相应立法中进行明确，保证生态环境保护督察活动的可预期性，提高督察活动开展的规范性水平。

同样，生态环境保护督察对象立法的前提仍需厘清"中央-省"两级立法在督察对象事项上的权限配置。对此，需要根据中央及地方立法事权划分的基本原理，结合督察对象事项的性质、影响范围、重要程度及调整方法等方面的因素，明确"中央-省"两级立法在规定生态环境保护督察对象方面的权限。由于督察对象范围的设定将框定承担生态环境保护责任的主体范围，进而对生态环境保护督察"落地"产生实质影响。基于法治统一性和地方自主性之间的互动原理，对于生态环境保护督察中央立法而言，宜对督察对象的概念范畴以及认定标准等一般问题作出明确规定，明确督察对象的基础性范围，严格执行党中央实施生态环境保护督察的政治意图，避免省级立法不当限缩而偏离制度的预期功能。而对于生态环境保护督察省级立法而言，基于宪法"两个积极性"要求，督察对象范围的具体设定应给省级立法留有适当空间，其应在遵循中央立法对督察对象基本界定的基础上，规定符合自主性需求的督察对象。因此，生态环境保护督察对象这一立法事项属于中央与地方共同立法事权，但应遵循"中央为主，地方为辅"的基本原则，地方立法的权限限于在遵循中央对督察对象概念范畴及认定标准作出规定的基础上，根据地方组织的现状予以实施性、补充性调整。

就生态环境保护督察的立法内容而言，由于督察对象的规定将框定承担生态环境保护责任的主体范围，因而立法的重心在于通过不同的立法方式明确督察对象的范围。一般而言，立法对某一事项进行规定通常采取概括或列举的方式。目前中央及省级相关规定在督察对象时主要采取列举的方法，在明确范围的同时一定程度上也限制了督察活动的灵活性。为此，应改变单纯采取列举方式对生态环境保护督察对象作出规定的做法，在归纳督察对象核心特征的基础上，由中央立法对督察对象作出一般性规定，并留有适当的解释空间。具体而言，中央立法应将各级党委和政府及有关部门、承担生态环境保护职责的各级政府有关部门以及对生态环境影响较大的国有企业等较为明确的主体纳入督察对象范围，在立法技术上采取"列举+概括"的方式将督察对象的认定标准抽象囊括在规范条文之中，以保持督察对象范围认定的开放性。此时，省级立法具有复合性，可根据中央立法对督察对象范围的基本设定，根据地方自主性要求作出灵活调整：对于中央立法已有规定的，省级立法可做进一步细化的实施性规定；对于中央立法尚未作出直接规定的，各省根据环境治理实践认为适宜纳入督察对象范围的（如开发区党工委、管委会等），应在遵循"党政同责"原则及党内法规与国家法律有机衔接基础上作出创制性规定。

（四）"中央－省"两级立法对生态环境保护督察内容的确认

目前，《中央生态环境保护督察工作规定》及各省相关立法对督察内容作出了规定，但在具体内容上同质性较高，除四川与福建等个别省份将"中央环保督察反馈问题的落实情况"作为省级生态环境保护督察的内容外，其余基本与《工作规定》的内容一致。生态环境保护督察目的在于督促地方党委及政府积极履行环境保护职责，如果中央与省级督察内容高度重叠，就会影响生态环境保护督察的实施效果。根据生态环境保护督察制度运行的基本原理，督察对象主要指向下一级党委和政府及其有关部门，以及同级具有重要生态环境保护职责的相关主管部门。在此意义上，生态环境保护督察内容在督察实践中需要结合督察对象的环境事权配置予以具体确认。与此同时，为实现"党政同责"的要求，还应进一步区分党委和政府不同环境事权，明确党委、政府及其各自职能部门以及相应领导干部的环境职责分配。

根据央地事权划分的基本原理，中央生态环境保护督察应当着重强化共同事权履行方面的落实。在立法中，一方面要充分保证中央事权的执行，另一方面也要实现一定的地方自主性。具体方式应采取"概括+列举"，围绕中央事权及央地共同事权的执行，在对主要事项(包括中央决策部署落实情况、法律法规落实情况、环境恶化整治情况、群众反映问题整改情况等)作出确认的基础上，同时对认定督察内容的一般性原则及标准作出明确规定。在此，省级立法可根据当地情况做相应的补充。对于省级生态环境保护督察而言，省级立法在遵循央地事权划分的基本原理下，可以将限于特定辖区内居民受益、且适宜由地方政府提供的事项作为省级生态环境保护督察的特有内容并予以立法确认。包括：该地"三线一单"落实情况、生态环境保护督察反馈问题在各个市(州)、县的整改落实情况等。以上内容属于地方的专属立法事权，由省级立法对此作出创制性立法。

综合上述研究内容，可以得到生态环境保护督察"中央-省"两级立法的基本框架(详见表4-2)，进而得以确立生态环境保护督察实体性规则的基本内涵。

表4-2　　生态环境保护督察"中央-省"两级立法及实体性规则架构

生态环境保护督察实体要素	具 体 内 容	立法事项归属	"中央-省"立法相互关系
督察主体	督察机构	中央立法事权	中央立法+实施性地方立法
	督察工作人员		
	督察权限		

续表

生态环境保护督察实体要素	具 体 内 容	立法事项归属	"中央-省"立法相互关系
督察对象	外延范围	中央立法事权	中央立法+实施性地方立法
	认定标准		
	下沉督察级别		
督察内容	贯彻落实新发展理念、推动高质量发展情况	中央与地方共同立法事权	中央立法+复合型地方立法(实施性、补充性)
	中央决策部署落实情况		
	法律法规政策落实情况		
	党政同责、一岗双责落实情况		
	群众反映问题、突出生态环境问题整改情况		
	该地"三线一单"执行情况	地方立法事权	创制性地方立法
	基层落实生态环境保护督察反馈问题情况		
	其他省级生态环境保护督察落实的事项		

二、生态环境保护督察的程序性规则

随着我国生态环境保护督察不断向纵深发展，如何使督察运行更加规范、督察"落地"更加高效成为一项紧迫的任务。众所周知，程序是现代法治的基本要素，是程序决定了法治与恣意的人治之间的基本区别。① 系统化的督察程序是推进和实现生态环境保护督察在法治轨道上健康、持续发展的基本保证，即通过程序规则将生态环境保护督察的运行全过程都约束在法律架构之中。这同样是生态环境保护督察法律法规体系构建的重要内容。

---

① 季卫东：《法律程序的意义》，载《中国社会科学》1993 年第 1 期。

总体而言，目前《中央生态环境保护督察工作规定》及各省相关规定对督察准备、督察进驻、督察报告、督察反馈、移交移送、整改落实和立卷归档等督察工作流程作出了一般性规定，但缺乏系统性的学理梳理，每一具体环节的督察工作方式、时限、条件与要求等问题有待进一步完善，形成全面的督察程序性规范体系。从法治实施的角度，如何形成全面涵盖各类生态环境保护督察的程序性法律法规，需要从两个层面进行：一方面是形成程序指引，即对生态环境保护督察实践工作的开展提供针对性、系统性指引和规范；另一方面是形成程序规制，即有效约束生态环境保护督察权的行使，提升生态环境保护督察公众参与力度。

（一）生态环境保护督察运行程序的阶段划分

生态环境保护督察程序性法律法规的构建需要着眼于督察运行的全过程，在对督察程序进行阶段性划分的基础上，实现对不同的程序阶段进行区别性、针对性调整，形成生态环境保护督察程序性法律法规体系的基本框架。从生态环境保护督察的实践出发，结合目前中央及省级层面生态环境保护督察相关规范依据的内容，本书认为应将生态环境保护督察运行过程分为四个阶段，分别是调查核查、约见约谈、反馈整改和责任追究；其中派驻监察还具有一个特殊环节，即"驻点办公"，对此需要单独进行讨论。

基于对上述各阶段的重点工作内容的梳理和归纳，可以明确生态环境保护督察程序性规则的主要内容。具体而言，包括以下内容：

第一，在调查核查环节，主要工作内容包括：环保督察机构依法对地方党委政府环境保护政策法规执行情况、环境质量目标落实情况、重大环境违法案件查处情况进行监督检查，要求督察对象提供有关内部管理情况，查阅、复制有关文件、档案和资料，对地方重点排污企业遵守环保法律法规情况进行现场检查。

第二，在约见约谈环节，重点工作内容包括：生态环境保护督察机构发现地方未按照"督察整改意见"组织整改或者整改不到位的，该地环境问题十分突出、生态环境质量明显恶化、未达到国家重点任务目标考核要求的，及时向总督察报告；生态环境保护督察组按照督察规定对地方政府相关负责人进行公开约谈，要求有关地方政府部门加强监督管理，狠抓问题整改。

第三，在反馈整改环节，重点工作内容包括：生态环境保护督察机构在监督检查中发现地方环境管理工作中存在苗头性、倾向性问题，可能产生严重后果的；或者环境监督管理工作中有违法违规行为，但情节较轻，未造成严重后果的，需及时制作并发出《督察整改意见》，责令其限期整改。整改期限结束后，对其问题整改落实情况进行评估和验收。对督察进驻过程中人民群众举报的生态环境问题，被督察对象应当立行立改、边督边改。

第四，在责任追究环节，重点工作内容包括：督察组形成生态环境损害责任追究问题清单和案卷，按照有关权限、程序和要求移交有关部门予以问责；发现地方党政领导干部不作为或者乱作为，导致当地环境违法违规行为严重，造成生态环境损害后果的，需要及时向有关部门进行报告，按照程序严格追究责任，予以及时的生态环境损害救济①；涉嫌违法违纪的，移送纪检监察机关或者司法机关，对负有责任的地方党政领导干部，依法依纪追究相应责任。

(二)生态环境保护督察一般程序的规范构成

例行督察(包括"回头看")是最核心、最基础的生态环境保护督察方式，工作流程最全面和复杂，构成了生态环境保护督察的一般性程序。对照前述生态环境保护督察运行的全过程，例行督察包含完整的调查核查、约见约谈、反馈整改、责任追究四个阶段②。根据不同阶段程序指引与程序规制的法治需求，生态环境保护督察一般程序的法律法规可从以下方面进行完善：第一，例行督察前置准备程序规则的完善。重点包括例行督察方案的编制及报备程序、例行督察资料清单的拟定及送达程序、督察通知的抄送及送达程序、督察信息的社会公开程序。其中，有关送达的程序应明确送达的方式及时限，信息公开程序应充分保障相关信息的及时性和全面性。

第二，例行督察启动与审批程序规则的完善。应对单一区域和跨区域督察在程序上的差异作出区分，重点对跨区域实施例行督察的启动及审批程序作出明确规定。

---

① 彭中遥：《生态环境损害救济机制的体系化构建》，载《北京社会科学》2021 年第 9 期。

② 常纪文：《中央生态环境保护督察的历史贡献、现实转型与改革建议》，载《党政研究》2019 年第 6 期。

第三，例行督察进驻后各项工作程序规则的完善。根据督察进驻工作的主要内容，应重点完善以下内容：听取被督察对象工作汇报和有关专题工作汇报的时限及方式；与被督察对象党政主要负责人和其他有关负责人进行个别谈话的时限及方式；资料交接、审核和核查程序；对有关地方、部门、单位以及个人开展走访、问询的程序；公众反馈信息接收方式及具体程序。

第四，例行督察反馈整改以及信息公开程序的完善。包括：提交例行督察成果分析汇总报告的时限，具体应明确提交报告的一般时限，包括特殊情况下经过特定审批程序的最长时限；例行督察成果分析汇总报告的审批程序，包括审议主体及其审批方式；向被督察对象发出督察意见书的程序，包括开展督察整改、跟踪督察和后续督办的时限及方式；例行督察成果的信息公开与社会公告程序，具体应以充分保障公众知情权为标准，明确公告的主体、时限及方式。

第五，例行督察"回头看"程序规则的完善。明确针对例行督察整改工作开展情况、重点整改任务完成情况进行"回头看"的程序规则，包括审批程序、实施程序、进驻程序、意见反馈程序、信息公开程序等。每一类程序的具体完善对策应参照例行督察，不能擅自降低、简化程序标准。

(三)生态环境保护督察简易程序的规范构成

专项督察、定点督察是针对特定问题、严重问题而对生态环境保护例行督察的补充和强化，两者大体上也涵盖了调查核查、约见约谈、反馈整改、责任追究环节，但各项具体要求相较于例行督察有所简化，体现高效便捷的要求，属于生态环境保护督察的简易程序。根据不同环节程序指引与程序规制的法治需求，生态环境保护专项督察、定点督察相关程序性法律法规应从以下方面进行构建与完善：

第一，生态环境保护专项督察程序规则的完善。基于专项督察"直奔问题、强化震慑、严肃问责"的工作要求，专项督察程序具有灵活性的特点。为避免程序的过度简化，应明确专项督察启动的审批程序，即必须由有权主体批准后实施。同时，还应从以下方面对专项督察进驻后各项工作的程序规则进行完善：一是规范见面沟通的程序，应明确通报督察重点任务、总体安排和相关要求的时限及方式，并及时向社会予以公开；二是规范听取汇报的程序，对听取与专项督察相关的生态环境保护工作情况的地点、时限与方式作出规定；三是规范查阅资料的程序，规定调阅、复制有关文件、档案、会议记录等资料的时限与方式；四是规范现场督察的程序，明确针对有关问题线索进行调查核实、现场验证的方式；五是规范走访问询的程序，明确对有关地方、部门、单位以及个人开展走访问询的方式与要求；六是规范线索聚焦的程序，针对根据问题线索责成有关地方、部门、单位以及个人就有关问题作出书面说明的程序性规则进行完善；七是规范约见约谈的程序，明确对有关党政领导干部实施约见或者约谈的情形和方式。

第二，生态环境保护定点督察程序规则的完善。定点督察是针对特定区域（流域）和特定事项展开的督察，其运作可参照例行督察的相关规则来执行，同时需完善以下方面的程序性规则：一是规范明查暗访、调查取证的程序；对定点督察通过"四不两直"方式、深入现场进行调查核实和收集证据的程序流程进行完善；二是规范责任倒查的程序，对开展责任倒查以厘清相关部门、单位和个人责任的具体方式与要求作出规定；三是规范约见约谈的程序，对有关党政领导干部实施约见或者约谈的情形与方法作出规定；四是规范跟踪督办的程序，明确对问题整改落实情况进行跟踪督办的时限与方式。

（四）生态环境保护督察特殊程序的规范构成

派驻监察是省级生态环境保护督察中特有的方式，充分发挥派驻机构"探头"和"前哨"的作用，通过驻点办公监督、推进驻在部门落实生态环境保护"党政同责、一岗双责"的情况。作为一项特殊的生态环境保护督察方式，派驻监察涉及调查核查、约见约谈、责任追究环节，同时在前端还具有独特的"驻点办公"环节，规范其运行需要特殊的程序规则。为此，派驻监察相关程序性法律法规应从以下方面进行构建与完善：

第一，派驻机构介入所驻部门相关工作的程序规则。派驻机构对驻在部门生态环境保护工作的介入是实现派驻监察目标的重要因素，但必须遵循相应的程序要求，需要基于派驻机构、机关纪委、党支部纪检委员三个层级监督力量的相互协调，形成规范列席会议、定期会商、结对联系、风险联防、办案协作等工作机制的程序性规则。

第二，派驻监察工作程序的完善，应从以下三方面进行：（1）派驻监察实施程序的完善。根据派驻监察的派驻方式，派驻监察的具体实施程序应重点从以下方面进行完善：一是对派驻区域各级党委和政府及其有关部门、有关企业开展调研、走访的方式；二是针对有关问题线索进行现场检查督导的条件与方式；三是调阅、复制有关文件、档案、会议记录等资料的条件与方式；四是责成有关部门、单位以及个人就有关问题作出书面说明的条件与方式；五是视情况提出工作意见和约谈、挂牌督办、区域限批、问责等建议的方式及送达程序。(2)派驻监察情况报告程序的完善。为规范派驻监察的情况报告，应区别一般情况和重大情况，对不同情况下派驻监察机构定期向特定部门报送监察情况的时限作出明确规定。同时，针对在派驻监察中发现的重大生态环境问题，还应规定派驻监察机构与监察对象交换意见的程序。(3)派驻监察问题处理程序的完善，应从以下方面进行：首先，监察意见的形成程序应明确监察意见的形成期限及主要内容；其次，监察意见的印发执行程序应明确监察意见按程序报批后的执行主体；最后，对于特殊情形下进行专文督办、通报批评、行政约谈、挂牌督办、区域限批、公开曝光的程序，应明确采取以上措施的条件、时限与方式。

第三节　生态环境保护督察制度的外部规范构造

一、生态环境保护督察制度外部规范的总体要求

生态环境保护督察制度与其他相关法律制度的外部衔接有助于改善环境法律实施的外部环境，避免因为外部规则的冲突影响生态环境保护督察的实效与进程。基于这一目的，结合生态环境保护督察的工作特征，应着重从提升治理效能、妥善处理职能交叉和实现多元机构良性互动三方面实现生态环境保护督察制度的外部衔接，构建完善的生态环境保护督察制度的外部规范。

首先，提升治理效能的是规范衔接的首要目标，目的在于推动生态环境保护督察得以有效、高效运行，从而在整体上提升环境治理体系的运转效率，降低运行成本。从提升效能的角度所强调的规范衔接主要体现在组织机构维度上，组织机构是实现制度间系统协同运行的基本单元，其必要性需置于"优化-协同-高效"的三位一体原则中予以准确理解。不同督察机构之间应该建立相互配合、协

作的关系，共同推进生态环境保护工作。同时，各级督察机构在开展督察时应该依据职责分工，密切合作，避免重叠和错位。另外还要统一督察标准、考核评价标准、行政处罚标准等法律法规、政策标准，促进生态环境保护制度协调衔接。这样有利于在不同区域、不同时间对于环境问题的保护与治理给出相应的标准和措施。① 具体而言，"优化"在于强调整个环境治理体系在职能分配和机构设置上的科学合理；协同作为中间环节，强调机构之间在横向和纵向上既有综合又分主次，实现配合联动；高效则是结果，强调通过系统协同使得机构能够顺利执行政令，流转顺畅，体制机制运行有效率。因此，从提升行政效能的角度看，之所以需要进行相关法律法规的外部衔接，是为了解决"政出多门、责任不明、推诿扯皮"的现象，使生态环境保护督察同相关法律制度中的重合内容相互适应，使我国环境治理体系更加科学、职能更加优化、权责更加清晰、监督监管更加有力、运行更加高效。

其次，妥善处理职能交叉的需求。基于新制度经济学关于双边协调困境的解释，尽管因生态环境保护督察具备的强大政治权威，使得在督察主体与督察对象之间形成一种实质的支配性关系，但具体到诸如线索收集、调查取证等工作时，又与其他相关的职能部门之间存在横向分工，需要在督察工作中相互配合，形成双方的合作关系。但是，双方是否可以实现配合联动取决于执行机构是否负有法定职责，而职责的规定依赖于列举或概述，在执行过程中容易出现管理缺位或过度管理问题，由此形成两类典型的机会主义行动：一类是职能密切相关的机构，存在一方基于上下级行政权力完全将职责推向一方；另一类是职能相近且需要统筹的，出现上级综合管理部门与下级分管部门之间职责划分不清，协调难度大，权责区分严重，无法形成合力。由于国家机构职责法定且专享，不可能通过市场的竞争性手段替代；职责重合的国家机构之间，唯有通过相关法律法规的衔接与协调，明确权力运行与工作内容的边界，在相互重合的工作内容上实现联动，才能实现环境治理体系的整体高效运转。

最后，实现多元机构良性互动的需求。生态环境保护督察是我国生态环境治

---

① 朱军、杜群：《党内法规视域下生态环境保护法律责任与政治责任的功能协同》，载《理论月刊》2021 年第 10 期。

理体系中的重要一环，通过督察机构行使督察权，推进生态环境保护主体责任的有效落实。但根据依法行政的要求，督察机构在调查取证等活动中并不具备强制力保障实施，在证据的紧急保护等方面缺乏必要的应急处理能力。为弥合督察权限的缺失，有必要置于环境治理体系的整体结构中，通过不同机构的有效联动来实现。在此意义上，生态环境保护督察预期目标的达成，有赖于多机构、多主体在环境治理过程中的流转运行。这种流转运行不是简单的线性拼接，而应贯穿于生态环境治理中的各个环节。因此，为了实现不同权力间的配合联动，需要打破既有的职能界限，强化部门之间的协调与配合。同时，应当明确不同部门在生态环境保护方面的职责和权限，以便于不同部门能够互相支持、互相配合，形成合力，共同推进生态文明建设和生态环境保护工作。① 信息共享对于生态环境保护督察来说尤其重要。通过信息的共享，可以及时发现生态环境问题，避免危害的扩大和加剧。在信息采集和信息传递方面，应当尽可能地打破部门之间信息孤岛的情况，让各个部门共享信息资源，提高监管效率。同时，可以建立信息整合的机制，将各部门采集的信息整合起来，形成一个完整的监管信息系统，为生态环境保护提供更有力的支撑。②

二、生态环境保护督察与综合行政执法的协同机制

近年来开展的生态环境保护综合行政执法改革目的在于克服传统环境执法"多龙治水、多头执法"的固有弊端，整合多部门的执法力量。通过生态环境保护督察与生态环境综合行政执法相关法律法规的衔接与协调，可以借助生态环境保护督察的政治权威性和责任高压性，有效聚合各方面执法资源，实现对传统环境行政执法的"纠偏"，形成对环境违法行为形成强有力的威慑。对此，需从以下三个方面具体展开：

第一，信息共享机制的构建。依据中央生态环境保护督察工作规定及各省的工作细则，生态环境保护督察可通过听取被督察对象工作汇报、与被督察对象党

---

① 刘少华、陈荣昌：《新时代环境问责的法治困境与制度完善》，载《青海社会科学》2021 年第 4 期。

② 韩艺、谢婷、刘莎莎：《中央环保督察效用逻辑中的地方政府环境治理行为调适》，载《中国人口·资源与环境》2021 年第 5 期。

政主要负责人谈话、受理人民群众信访举报等多元途径获取信息。与此同时，生态环境综合行政执法部门作为生态环境政策的直接执行者和直面生态环境问题的一线工作者，其在获取信息方面同样具有明显的优势。同时，由于综合行政执法部门对生态环境问题的现状及相关政策的执行情况更加了解，经由生态环境综合行政执法部门所获取的信息更能符合开展生态环境保护督察的需要。生态环境保护督察与综合行政执法互相补充，在监管对象、监管手段、监管范围等方面进行有机结合，从长远来看，还需要进一步建立高效的反馈和改进机制。生态环境保护督察和综合行政执法共同发现环保领域的问题，及时整改、改进，对于整个环保系统都有着重要意义。为此，应该建立健全问题反馈以及再次协调的机制，定期开会，交流策略和行动计划，促进二者之间紧密沟通。① 基于此，有必要通过构建生态环境保护督察与综合行政执法间的信息共享机制，实现双方信息的优势互补，形成"精准督察"与"精准执法"的双赢局面，提升生态环境治理能力。

第二，证据互认机制的构建。生态环境保护督察机构在开展督察工作中可对有关单位和个人进行调查取证，但在具体调查工作中，受制于督察权限的限制，督察主体并不具有查封扣押和紧急情况下的强制能力。同时，生态环境保护督察机构相对于综合行政执法机构缺乏生态环境保护的专业知识，在调查取证过程中常面临技术壁垒和调查效率低下等问题。为此，有必要构建生态环境保护督察与生态环境保护综合行政执法在调查取证工作中的协同机制，例如向行政机关申请支持，督察机构可以向相关的行政机关(比如生态环境监管部门等)申请支持，通过他们的强制手段来确保相关单位和个人配合督察工作。主动寻求相关单位协助，在督察过程中，督察主体应该要求相关单位主动协助，并提供必要的信息和材料，并督促其履行法定义务，同时及时进行整改，减少环境污染的影响。发挥生态环境保护综合行政执法机构的权限优势与专业优势，通过委托调查或联合调查的形式，弥补生态环境保护督察机构独立开展调查工作所面临的困难。

第三，双向联动机制的构建。督察重在督政，执法重在查企。需要在明确督察与执法各自职能职责的同时，加强督察与执法互动，以实现督察与执法无缝衔

---

① 竺效、邱涛韬：《区域环保督察的功能定位及制度完善》，载《治理研究》2022 年第 1 期。

接，避免重复检查、多头交办和空白地带，确保在重点问题处理上保持协调一致。一方面，生态环境保护督察可以发现环保问题并及时通报相关部门进行处置和整改。如果发现涉嫌违法行为，督察组可以向当地行政执法机关反映，并要求依法进行调查和处理。对于明显的环境违法案件，必须严格按照行政执法程序进行立案、取证、处罚等工作。① 另一方面，行政执法机关也可以向生态环境保护督察寻求帮助，比如请求督察组提供技术支持或协助取证等。在一些重大环境事件中，督察组也会按照职责展开督导，确保事故调查和处理工作得以有效完成。② 生态环境保护督察与行政执法的双向联动，以合作共赢的方式推进环境保护工作。这种联动模式能够激发各方的工作积极性和责任感，促进各方资源的有机整合和高效利用，从而为构建生态文明和美丽中国贡献力量。对此，可以从以下四个方面予以展开：一是建立督察与执法现场联动机制。在开展生态环境保护督察时，执法部门要调度执法队伍主动配合，在线索摸排、谈话问询、调查取证等方面充分发挥作用。二是建立督察与执法的联合会商机制。执法部门要积极参加日常督察发现问题的研究处理，督察机构也要积极参加环境违法重点案件的研究处理，实现信息共享、资源共用，确保协调一致。三是建立督察与执法相互移送机制。执法部门发现的环境违法问题，涉嫌党委政府或职能部门履职不到位的，应固定证据后按程序向督察机构移交问题线索，由督察机构接采取必要的督办措施，并对整改落实情况进行后督察。督察机构在督察工作中发现环境违法行为线索时，应移交执法部门立案查处，由执法部门组织生态环境部门依法查处。四是从完成"污染防治攻坚战"目标及年度具体任务出发，对特定情况中督察与执法双向联动机制的运行逻辑进行具体考察。

三、生态环境保护督察与环境公益诉讼的协同机制

2023 年 6 月 6 日最高人民检察院发布 10 个典型案例（详见表 4-3），旨在深

---

① 娄成武、韩坤：《嵌入与重构：中央环保督察对中国环境治理体系的溢出性影响——基于央地关系与政社关系的整体性视角分析》，载《中国地质大学学报（社会科学版）》2021 年第 5 期。

② 丁霖：《论生态环境治理体系现代化与环境行政互动式执法》，载《政治与法律》2020 年第 5 期。

入推进中央生态环境保护督察公益诉讼案件办理。截至 2022 年 12 月，全国各级检察机关共立案办理生态环境保护督察相关公益诉讼案件 2982 件，提起民事公益诉讼 100 件，向污染企业和个人索赔环境损害赔偿金约 8 亿元；立案办理行政公益诉讼案件 2715 件，发出诉前检察建议 1790 件，助推问题全面整改、彻底整改。各级检察机关支持有关部门开展生态环境损害赔偿磋商 84 件，达成赔偿协议金额达 13 亿余元。①

表 4-3　　　生态环境保护督察与环境公益诉讼协同典型案例统计表

案例名称	案件来源	部门协同	实践亮点
内蒙古自治区检察机关诉包头某公司危险废物污染环境民事公益诉讼案	由中央生态环境保护督察办公室向最高人民检察院移送，逐级转交包头市人民检察院	检察机关上下联动，一体化办案，充分发挥公益诉讼检察职能作用	组织召开专家论证会，对鉴定意见的科学性进行评断
广西壮族自治区检察机关诉某公司稀土项目污染环境公益诉讼系列案	由中央生态环境保护督察办公室向最高人民检察院移送，最高人民检察院将案件线索交由广西壮族自治区人民检察院	广西壮族自治区检察院检察长担任专案组组长，统筹四个市级院和相关基层院办案力量，一体化办理	广西壮族自治区检察院统筹发挥一体化办案机制作用，采取统分结合的方式立案办理，发挥民事公益诉讼独特价值，依法追究涉案企业生态环境损害责任

---

① 《最高人民检察院发布 10 个典型案例深入推进中央生态环境保护督察公益诉讼案件办理》，载最高人民检察院网站，https://www.spp.gov.cn/xwfbh/wsfbt/202306/t20230606_616462.shtml#1，2023 年 6 月 15 日访问。

续表

案例名称	案件来源	部门协同	实践亮点
海南省三亚市人民检察院诉三亚某公司非法侵占自然保护区民事公益诉讼案	海南省人民检察院将第二轮中央生态环境保护督察发现的案件线索交三亚市人民检察院	检察机关运用行政公益诉讼诉前检察建议，督促行政机关履职。当行政机关积极履职，并与违法主体多次开展生态环境损害赔偿磋商未果时，检察机关充分发挥民事公益诉讼补位作用	通过专业机构的鉴定评估和充分论证，在诉请赔偿林木资源价值和支付生态修复费用的同时，提出赔偿生态环境受到损害至修复完成期间服务功能损失的诉讼请求
贵州省贵阳市人民检察院诉贵州某公司非法占用农用地民事公益诉讼案	由中央生态环境保护督察办公室向最高人民检察院移送，逐级转交贵州省清镇市人民检察院		违法行为人主动承担生态环境损害修复责任，但未弥补生态环境受到损害至修复完成期间服务功能损失，检察机关应当提起民事公益诉讼要求其全面承担生态环境损害责任
山西省晋中市检察机关诉某煤气化公司大气污染民事公益诉讼案	由中央生态环境保护督察办公室向最高人民检察院移送，逐级转交晋中市太谷区人民检察院	检察机关通过检察建议督促行政机关依法全面履行监管职责	行政机关履职后仍难以达到恢复公益效果，检察机关应当依法提起民事公益诉讼，追究违法主体生态环境损害责任

续表

案例名称	案件来源	部门协同	实践亮点
北京市昌平区人民检察院诉某石材公司非法占用农用地、非法采矿刑事附带民事公益诉讼案	由中央生态环境保护督察办公室向最高人民检察院移送，逐级转交北京市昌平区人民检察院		检察机关在追究违法主体刑事责任的同时，应当依法提起附带民事公益诉讼，要求其承担生态环境损害责任
江西省宜春市人民检察院督促整治袁河沿岸非法采砂行政公益诉讼案	中央生态环境保护督察办公室信收到交办信访件后，移交宜春市人民检察院	检察机关依法能动履职，加强公益诉讼检察与刑事检察协同，督促行政机关依法全面履职的同时依法开展刑事立案监督	通过行政公益诉讼诉前检察建议、公开听证等督促行政机关全面协同履职。监督公安机关刑事立案，同步介入引导侦查，全面调查取证，依法提起刑事附带民事公益诉讼
浙江省龙港市人民检察院督促整治新城围垦区垃圾堆放点污染环境行政公益诉讼案	由中央生态环境保护督察办公室向最高人民检察院移送，逐级转交龙港市人民检察院	龙港市人民检察院收到交办线索后，通过现场勘查、实地走访、调取书证、询问相关人员等方式调查取证，跟进了解督察问题和行政机关履职情况	

续表

案例名称	案件来源	部门协同	实践亮点
上海市松江区人民检察院督促整治小昆山镇垃圾填埋场污染环境行政公益诉讼案	由中央生态环境保护督察办公室向最高人民检察院移送，逐级转交松江区人民检察院	检察机关积极与行政机关沟通并跟进监督，督促行政机关及时完成修复整治工作	
湖南省检察机关监督支持湘西州人民政府对某锰业公司开展生态环境损害赔偿案	由中央生态环境保护督察办公室向最高人民检察院移送，逐级转交湘西土家族苗族自治州人民检察院		检察机关应依法能动履行公益诉讼职责，积极融入地方党政督察整改统一部署，监督支持行政机关开展生态环境损害赔偿

根据中办、国办发布的《中央生态环境保护督察工作规定》及相关生态环境督察的省级立法，其中均规定：对督察发现需要提起公益诉讼的，移送检察机关等有权机关依法处理。这对生态环境保护督察与环境公益诉讼间进行协同提出了一般性要求，但在信息通报、调查取证以及案件移送方面缺乏具体的规定，有必要予以明确。发挥生态环境保护督察制度的应有效能，应通过制度化、规范化、法治化的方式完善与生态环境保护督察相互补充、相互适应的相关制度建设，从而在制度层面避免督察过程中出现的无执行解释权的情形。① 基于此，本部分将从以下三方面进行系统协同机制的构建与完善：

第一，信息通报机制。检察机关提起环境公益诉讼本质上是检察机关对侵害环境公共利益行为的法律监督，因而属于检察机关履行法律监督职责的职权

① 盛明科、岳洁：《生态治理体系现代化视域下地方环境治理逻辑的重塑——以环保督察制度创新为例》，载《湘潭大学学报（哲学社会科学版）》2022年第3期。

行为。从目前理论与实践的共识来看，检察院提起公益诉讼应以行政公益诉讼为核心，而生态环境保护督察正是为督促地方党委政府履行环境保护职责、解决重大环境问题的新型治理机制，两者在目的上具有内在一致性。根据《行政诉讼法》的规定，目前人民检察院提起环境公益诉讼主要限于其在履行职责中发现的问题，信息获取途径较为单一，加之检察机关职能的多样性，难免会因信息不足而影响公益诉权的行使。对此，有必要建立起生态环境保护督察与环境公益诉讼间的信息通报机制，使得检察机关通过所通报信息，及时发现相关问题的存在，适时提起环境公益诉讼，实现对环境公共利益的救济。为此，应通过相关法律规定，明确进行信息通报的范围、内容形式、时间要求及主要流程。

第二，协同取证机制。生态环境保护督察机构在督察过程中具有接收相关线索及调查取证的权力，而检察机关作为环境公益诉讼的原告具有同样的权力，从妥善处理职能交叉的需求出发，有必要在生态环境保护督察与环境公益诉讼之间建立协同取证机制，对两者在线索接收及调查取证方面的权限进行协调，以避免资源的浪费。而当社会组织作为环境公益诉讼的原告时，由于其在线索收集和调查取证方面的能力存在欠缺，有必要通过协同取证机制的构建，弥合社会组织能力的不足。具体而言，通过协同取证机制的构建，一方面，检察机关等有权机关可以通过在生态环境保护督察工作中所获取的有关线索启动环境公益诉讼，同时，在生态环境保护督察活动获取的有关证据，也可作为环境公益诉讼的证据使用。另一方面，生态环境保护督察也可依据检察机关等有权机关在开展环境公益诉讼中所获得的线索和证据，启动或促进生态环境保护督察工作。

第三，移送起诉机制。由于生态环境保护督察不具备对所发现问题(或者违法线索)直接进行责任追究的权限，不具备监察权的完整权能，因而无法纳入监察权的范畴，其实质仍是一种行政权。对督察发现需要进行环境公益诉讼的，有必要建立移送起诉机制，及时移送检察机关等有权机关进行依法处理，实现生态环境保护督察机构与检察机关的良性互动。与此同时，还应进一步规范移送起诉后的跟踪督办工作，提高环境公益诉讼的时效性和针对性，防止移送起诉后"久拖不办""久办不结"等现象发生。对此，应建立移送起诉问题台账和督促办理机制，要求移送部门跟踪起诉情况，定期督办该移送问题线索的起诉进度，督促移送问题线索的起诉工作。

四、生态环境保护督察与生态环境损害赔偿的协同机制

根据《中央生态环境保护督察工作规定》的规定，对督察发现需要开展生态环境损害赔偿工作的，移送省、自治区、直辖市政府依照有关规定索赔追偿。这一规定对生态环境保护督察与生态环境损害赔偿的系统协同作出了一般性要求，但在信息获取、调查取证以及移送调度等具体方面缺乏可操作性指引。同时，也需要与《民法典》对生态环境损害救济的相关规定加以衔接①。为此，应从以下三个方面构建生态环境保护督察与生态环境损害赔偿的系统协同机制：

（一）信息沟通机制

在环境治理体系的整体结构中，生态环境保护督察机构与行政机关均具有较强的信息获取能力，所不同的是两者在信息需求及获取方式上存在较大差异。具体而言，基于生态环境保护督察所具有的政治属性，其在信息选择上更加突出政治性需求，信息获取更多也是依赖于政治权威；与之不同的是，行政机关的信息选择更加突出日常行政管理的需要，信息的获取更多来自其业务活动的开展。由于基于政治需求所获取的信息与基于专业治理需求所获取信息各有侧重，有必要通过信息沟通机制的建立，实现不同来源信息间的对话与交流、多元主体充分的沟通、高度的共识构建以及实践操作的无缝对接，显著提升生态环境治理效能。生态环境保护督察和生态环境损害赔偿之间的信息沟通机制可以通过以下方式实现：

1. 建立信息共享平台

建立一个全国性、权威性的生态环境保护信息共享平台，用于收集和发布各地市场环境状况及相关事件数据，包括监管部门的检查情况、企业环保治理措施等信息，并对发现的环境问题进行智能分析和风险预警。

---

① 彭中遥：《民法典中生态环境损害代修复制度之探析》，载《中国高校社会科学》2022年第1期。

2. 加强协调配合机制

生态环境保护部门应加强与法院、检察院等司法机关的联动配合，在生态环境损害案件的调查、取证、鉴定、审判阶段积极参与协作，提供技术支持和专业意见。同时定期召开生态环境保护督察与生态环境损害赔偿的协商会议，就重大环境污染事件、生态环境损害赔偿案件等进行研究讨论。

3. 完善执法程序

对于存在问题的企业、区域，应当采取更严格的惩罚措施，通过实施更高效的行政执法程序，增加环保违法成本，促进企业积极履行社会责任，并对公司实行更加公正、透明的生态环境损害赔偿体系。如对环境损害赔偿标准进行进一步制定，用于统计行业环保违法问题造成的损失以及一些加大研发和技术升级的投入。①

(二) 协同取证机制

由于生态环境保护督察机构与行政机关均具有线索收集与调查取证的权限，为避免职能交叉所带来的治理资源浪费，有必要建立协同取证机制。通过在生态环境保护督察与生态环境损害赔偿间建立协同取证机制，可将生态环境保护督察工作中所收集到的证据材料，直接用于生态环境损害赔偿的磋商及诉讼程序中，从而避免重复取证导致对相对人权益的过度侵害，同时也能有效避免因职能交叉所导致人力、物力资源的浪费。生态环境保护督察与生态环境损害赔偿的协同取证机制主要指在生态环境保护督察过程中，对生态环境损害进行取证，并将取证结果用于生态环境损害赔偿的机制。该机制的目的是加强对生态环境损害的监督和管理，确保损害责任人能够承担相应的赔偿责任，同时提高生态环境保护工作的效果和效率。实施该机制可进行以下设计：(1)协同配合：生态环境保护督察部门与生态环境损害索赔部门之间建立协同配合机制，明确各自的职责和任务，并加强信息共享和沟通，确保工作的顺利进行。(2)确定取证标准和方法：制定统一的取证标准和方法，明确损害行为的认定

---

① 毛益民、叶梦津：《中央环保督察何以赋能地方绿色治理——一项多案例研究》，载《南京工业大学学报(社会科学版)》2022年第6期。

和证据的收集方式，确保取证过程的科学性和公正性。（3）实施现场调查：督察人员在进行生态环境保护督察时，对涉及的生态环境损害进行现场调查，收集相关证据，包括照片、视频、取证记录等。（4）形成取证报告：在现场调查结束后，督察人员将所收集的证据整理成取证报告，详细描述损害情况、责任人、损失程度等信息。通过建立生态环境保护督察与生态环境损害赔偿的协同取证机制，可以有效地推动生态环境保护工作的开展，保护生态环境的可持续发展。同时，也能够加强对生态环境损害责任人的监督和管理，促使其履行赔偿责任，承担损害造成的后果。

（三）移送索赔机制

在生态环境保护督察过程中发现生态环境损害问题或者违法线索，无法直接要求赔偿义务人予以赔偿，须实现生态环境保护督察与生态环境损害赔偿的系统协同。通过移送索赔机制的建立，可及时将督察发现需要开展生态环境损害赔偿工作的，移送特定行政机关进行磋商或诉讼。与此同时，为保证生态环境损害问题能够得到及时、快速索赔，应建立移送索赔后的案件督办机制，以提高生态环境损害赔偿权利人的主动性和时效性。在具体执行中，为确保移送索赔后的督办工作落到实处，需将跟踪督办与考核检查有效结合，将督办事项落实情况作为年度考核的依据之一。生态环境保护督察与生态环境损害赔偿的移送索赔机制主要指在生态环境保护督察过程中，发现生态环境损害问题后，将相关案件移交给生态环境损害索赔机构，进行索赔和赔偿工作的机制。该机制的目的是确保生态环境损害责任人能够承担相应的赔偿责任，修复受损的生态环境，并促进生态环境保护工作的开展。[①] 实施该机制可进行以下设计：（1）确定责任人。在生态环境保护督察过程中，确定生态环境损害的责任人，即造成损害的单位或个人。（2）移交案件。将生态环境损害案件移交给生态环境损害索赔机构，生态环境损害赔偿机构对案件进行调查和认定，确定损害的性质、程度和赔偿金额。（3）赔偿执行。生态环境损害索赔机构要求责任人进

[①]　张梓太、程飞鸿：《索赔与问责：生态环境损害赔偿制度设计的两难选择》，载《中国应用法学》2019年第1期。

行赔偿，并监督和执行赔偿工作。赔偿可以包括经济赔偿、生态修复等方面。（4）赔偿结果监督。对赔偿结果进行监督和评估，确保赔偿责任人按时履行赔偿义务，并对生态环境进行修复和改善。通过建立生态环境保护督察与生态环境损害赔偿的移送索赔机制，可以加强对生态环境损害责任人的监督和管理，确保其承担相应的赔偿责任，促进生态环境的恢复。

第五章　生态环境党内法规的实施及保障机制

　　根据中共中央印发的《关于加强党内法规制度建设的意见》，党内法规根据制度内容划分为多个子体系，包括规则体系、实施体系和保障体系。[1] 显然，实施保障是党内法规制度建设的重点所在。体制机制创新的最终目标是充分实现制度功能，在规则完善之外，实施情况是必须高度重视的另一个关键环节。从本质上说，党内法规制度建设要"两手抓"，尤其要抓好制度落实。[2] 习近平总书记强调："一分部署还要九分落实，制定制度很重要，更重要的是抓落实，九分气力要花在这上面。"[3]针对生态环境党内法规制度的实施与保障，目前无论是学术理论研究还是治理实践都相对忽略了对这一问题的系统性总结和研讨。可以说，生态环境党内法规实施问题直接影响着我国生态文明制度建设和党内法规体系建设，规范实施是党内法规制度体系建设的重要命题。因此，本章在现有基础上，探析我国生态环境党内法规实施现状与面临的挑战，专门分析生态环境党内法规制度的实施问题，并提出优化建议。

第一节　规范实施是生态环境保护党内法规建设的重要命题

　　当前，党内法规体系的制度建设已经初步完成规范制定的目标，即将迈向推进规范实施的历史阶段。生态环境党内法规制度也不例外。制度规范的生命力在

---

　　[1]　中共中央印发《关于加强党内法规制度建设的意见》，载中华人民共和国中央人民政府网，https：//www.gov.cn/zhengce/2017-06/25/content_5205377.htm，2024年6月30日访问。

　　[2]　周叶中：《充分发挥党内法规制度优势》，载《人民日报》2021年8月31日，第9版。

　　[3]　《习近平关于党风廉政建设和反腐败斗争论述摘编》，中国方正出版社2015年版，第129页。

于实施，否则再完善的制度体系也如"空中楼阁"，脱离了实践发展的需要。当"有规可依"的问题被解决时，意味着制度运行具备了充分的规范基础，下一步的工作重心应当是推动生态环境党内法规具体化、现实化。尽管当前学界围绕生态环境党内法规的内涵、性质以及规范效力展开了一定论述，① 达成初步共识，但是相对忽略了对规范实施问题的集中梳理和深入研究。

一、生态环境党内法规制度实施的研究现状

生态环境党内法规实施是中国特色社会主义法治建设的重要方面，但在学术研究中却缺乏必要的关注。虽然近年来也有学者关注到党内法规实施的问题，但鲜有学者以法学分析视角切入。当前关于党内法规实施问题的研究，主要以整体性的视角展开分析并提出完善方向。有学者以软法为分析视角，认为党内法规的规范性、法治性不足，阻碍了制度实施的进路。② 有学者将实施作为体系形成后时代的发展任务，提出激活党内法规实施的主要机制。③ 有学者以习近平法治思想为分析视角，提出完善党内法规实施机制的内外部方案④。有学者将党内法规实施等同于党内法规执行，或者认为执行是实施的主体，专门分析如何提高党内法规执行效力。⑤ 也有部分学者宏观性地提出构建相互配合、协调有序的党内法规实施体系，内容包括党内法规的遵守、执行和监督等板块。⑥ 总的来说，现有研究对党内法规规范实施进行了一定分析并提出完善方案。另有部分文章着重分析制度实施的配套机制，尤其聚焦于规范实施后评估机制，普遍认为这是保障制

---

① 相关文献，参见黄鑫：《我国生态环境治理的逻辑溯源与规范路径——基于政党法治与国家法治的双重维度》，载《广西社会科学》2020 年第 10 期；朱军、杜群：《党内法规视域下生态环境保护法律责任与政治责任的功能协同》，载《理论月刊》2021 年第 10 期。

② 何伦坤：《软法治理视角下党内法规的实施困境及其突破》，载《理论导刊》2022 年第 8 期。

③ 章志远：《党内法规体系形成后时代的发展任务》，载《暨南学报（哲学社会科学版）》2021 年第 12 期。

④ 朱福惠、张明：《习近平法治思想中的党内法规实施理论及其实践》，载《法治现代化研究》2021 年第 2 期。

⑤ 欧爱民、何静：《党内法规的执行构成及其要素优化》，载《河南社会科学》2020 年第 8 期。

⑥ 金成波：《论党内法规实施体系的构建》，载《中共中央党校学报》2021 年第 1 期。

度质量与实施效果的重要反馈机制，需要重点适用且完善。①

尽管已经关注到党内法规实施的问题，但是现有研究仍然存在不足之处：一是提出的实施现状和实施困境较为宽泛，导致提出的建议泛泛而谈，实践意义相对有限，特别是与生态环境保护实践缺乏联系。二是部分文章着眼于党内法规实施的保障机制的设定与完善，缺乏对党内法规体系的整体认识，未能厘清实施机制与保障机制的功能与联系。三是主流上仍然认为党内法规实施的侧重点在于执行，相对忽略了规范遵守的问题。

造成这一局面的主要原因是当前对于党内法规实施的研究较为宽泛，没有针对某一领域展开研究。由于我国党内法规体系的规范形式和制度设置琳琅满目，各个规范领域的实施情况大不相同，需要有针对性地提出推进规范实施的方案。其中有必要专门研究生态环境党内法规的实施问题，一是因为当前生态环境政党法治已经相对成熟，党内法规对于生态文明建设的重要性不言而喻，研究生态环境党内法规的实施，既拥有足够的实践样本，又具有时代发展的典型性；二是因为生态环境党内法规围绕党的全面领导展开，规范效力具有特殊性，因此规范实施必须实现对党内和党外的双重约束，需要对这类特殊党内法规的实施问题展开具体分析。

二、生态环境党内法规制度实施的时代需求

研究生态环境党内法规实施的前提是明确可行性，考察相关的制度规范是否初步完善。只有生态环境党内法规制度具备基本的规范依据时，其制度功能才有可能转化为生态环境治理优势。党的十八大以来，我国出台了一大批重要的党的领导法规，为生态文明建设提供全面的制度保障，推进了生态环境治理中的体制改革。如今，包括七部正式党内法规和四十余部党的规范性文件在内的生态环境保护党内法规制度体系已经初步形成，调整事项诸多、规范范围较广、影响程度较深，是生态环境保护源源不竭的制度源泉。从党内法规制定与党内法规实施的

---

① 相关文献，参见王建芹、刘丰豪：《党内法规实施后评估范围的若干问题研究》，载《河南社会科学》2020 年第 6 期；伊士国、郭康：《论党内法规实施后评估指标体系之构建》，载《政法论丛》2019 年第 4 期。

内在逻辑来看，制度一经形成就必须严格遵守与执行。生态环境党内法规制度体系初步形成，一方面对规范实施提出体系化的要求，需要探索相关制度功能的实现路径；另一方面设定了政党法治的制度目标，为规范实施提供了可行性，是生态文明体制改革的制度保障。总而言之，为避免规范实施的偏差成为阻碍环境治理现代化的因素，必须推进生态环境党内法规具体化、现实化，将纸面上的制度变成实践中的制度。生态环境党内法规制度实施并非从无到有的过程，而是在现有的实施基础上查漏补缺，为进一步深化制度实效出谋划策。下面将围绕生态环境党内法规制度"如何实施"和"如何优化"的问题，分别从遵守和执行两个方面考察当前规范效力发挥的约束效果，探索二者背后的运行逻辑，提出当前生态环境党内法规实施的优化路径。

第二节　生态环境保护党内法规实施的规范路径

习近平总书记强调："有了好的制度如果不抓落实，只是写在纸上、贴在墙上、锁在抽屉里，制度就会成为稻草人、纸老虎。要强化制度执行，加强监督检查，确保出台一个就执行落实好一个。"①随着生态环境党内法规制度体系逐步完善，生态文明体制改革已经具备相对充分的文本支撑。然而，决定体制改革目标能否实现的关键因素，是制度规范的实施运行。也就是说，生态文明建设和生态环境党内法规体系的发展对构建协调有序、相互配合的生态环境党内法规实施体系提出了需求。具体而言，应当以规范遵守为核心、规范执行为保障、监督问责为目标，以此实现生态环境政党法治。为避免表述冗长，本书将用"党内法规制度的实施"指代党内法规(狭义)和党的规范性文件的实施。

一、生态环境党内法规制度实施的核心内涵

党内法规制度的实施目的，是将"纸面上的党内法规变成实践中的党内法

---

① 中共中央纪律检查委员会，中共中央文献研究室：《习近平关于严明党的纪律和规矩论述摘编》，中央文献出版社、中国方正出版社 2016 年版，第 82 页。

规"①、抽象的规范文本转化为具体的运行制度。党内法规制度的价值只能在实施中得到实现，党内法规制度的规范效力也只能在实施中得到体现。② 这意味着，党内法规制度的实施成效是党内法规体系发展的关键所在，直接影响党的权威性，决定党内法规制度能否发挥制约权力的应然作用。诚然，作为中国特色社会主义法治体系的组成部分，生态环境党内法规及其实施不能脱离法治轨道。但是不同于国家法律制度的实施依靠国家强制力保障和约束，党内法规制度的实施保障主要来源于党组织的强制力和约束。国家强制力以执法和司法的形式存在，组织强制力则以党委及纪律监察部门追责问责的方式呈现。换言之，党内法规制度的实施具有特殊性，它与被约束对象的组织身份紧密关联，是组织内部运行中的一个环节。生态环境党内法规制度的实施则更特殊，由于其制度效力具有明显的"双重属性"，因此其制度实施围绕"党的全面领导"展开，实施对象是整个行政系统，无论其工作人员是否为党员。从这个角度出发，实现生态环境党内法规体系的制度功能、推进生态环境党内法规实施，不能局限于攻破现有的某一个问题，应当致力于构建科学、高效的生态环境党内法规实施体系，使生态环境党内法规制度"真正成为管党治党之重器，而不是束之高阁的静态制度文本"③。

习近平总书记指出："制度是用来遵守和执行的。"④生态环境党内法规实施体系应当包括遵守和执行两个方面。其中，遵守更强调党内法规制度实施的自觉性，利用党组织和党员的自我驱动力，实现党内法规制度的治理功能；执行更强调党内法规制度实施的强制性，利用党组织的高压强制力，保障党内法规制度体系的规范效力。理解生态环境党内法规实施体系的核心内涵应当充分把握遵守与执行的辩证关系。一方面，二者共同体现了生态环境党内法规制度体系的实然状态，反映了制度实施的不同环节；另一方面，二者能够在实践中相互转化：针对

---

① 宋功德、张文显主编：《党内法规学》，高等教育出版社 2020 年版，第 319 页。

② 王振民、施新洲等：《中国共产党党内法规研究》，人民出版社 2016 年版，第 184 页。

③ 商继政、戴靓：《论党内法规实施体系的建构及实践进路》，载《四川师范大学学报（社会科学版）》2020 年第 4 期。

④ 习近平：《在"不忘初心、牢记使命"主题教育总结大会上的讲话》，载《求是》2020 年第 13 期。

下级的执行行为是上级遵守规定的方式，同时强有力的执行能够倒逼规范对象的自觉遵守。毛泽东在《论新阶段》中指出："党的纪律是带着强制性的；但同时，它又必须是建立在党员与干部的自觉性上面，决不是片面的命令主义。"①然而，由于执行作为实施的兜底手段更能在全党形成纵向到底、横向到边的强约束，因此现有研究更青睐于围绕党内法规执行问题展开分析（甚至存在将"执行"替代"实施"的嫌疑）。但是遵守是党内法规制度实施的理想状态，应当得到充分的重视。完善生态环境党内法规实施体系必须摒弃将执行简单等同于实施的错误观点，坚持遵守和执行的共同完善。

二、优化生态环境党内法规制度实施的总体要求

基于上述认识，生态环境党内法规制度实施的发展路径应当围绕遵守和执行两个维度展开。由于生态环境党内法规制度实施的理想状态是充分调动规范对象的自觉性，因此实施体系的发展必须以强化制度遵守为核心。由于组织强制力是生态环境党内法规制度实施的兜底保障，因此实施体系的发展必须以压实制度执行为关键。总体上，生态环境党内法规实施体系的主要目标是实现对生态文明建设体制改革和生态环境保护党政行为的监督与问责。具体而言，以"抓住领导干部这个关键少数"确保对制度的遵守，以督察问责机制实现的"最严格责任追究"，最终保障生态环境治理工作的有序开展。

（一）坚持制度遵守为核心

现实的规范运行中，制度机制完全被遵守的情况几乎不会实现，需要通过制度设计进一步保障遵守的成效。习近平总书记强调："生态环境保护能否落到实处，关键在领导干部。"②"越是领导干部，越是主要领导干部，越要自觉增强法

---

① 中共中央文献研究室、中央档案馆编：《建党以来重要文献选编》（一九二一——一九四九：第十五册），中央文献出版社 2011 年版，第 646 页。
② 《习近平谈生态文明 10 大金句》，载《人民日报（海外版）》2018 年 5 月 23 日，第 5 版。

规制度意识，以身作则，以上率下。"①因此，实现生态环境党内法规制度的遵守要"抓住领导干部这个关键少数"，围绕领导干部生态环境责任开展制度设计。过去由于领导干部生态环境保护责任难以落实，导致地方普遍存在"重经济、轻环保"的错误理念，严重阻碍了生态环境治理进程。生态环境党内法规制度体系确立了"党政同责"的原则，建立了党政领导干部责任制度，力图激发领导干部"一以贯之抓制度落实、驰而不息抓制度执行"②的自觉性和主动性。

虽然当前对领导干部责任的不断强化在一定程度上转变了以往的错误理念，推进了各地生态环境治理工作，但是从近年生态环境保护督察所反馈的情况看，许多生态环境问题仍然反复产生，显然具有决策、指挥、领导、协调等权力的领导干部没能完全妥善落实对生态环境保护的责任担当，进而影响了生态环境治理成效。诚然，这一问题能够通过完善制度执行、强化生态环境保护党政权力自我监督解决，但是不能忽视制度遵守环节在其中应当发挥的作用。通过制度遵守实现生态环境党内法规制度实施的目标，最重要是激发权力主体的环保工作主动性、努力提升行政效能。由于环保行政主体的作为往往受到履职标准的影响，因此加强生态文明建设目标评价考核机制的实践适用尤为重要。具体而言，通过设置制度实施目标和评价考核指标，明确公权力行使的作用方向；通过将考核结果与领导干部的奖惩、任免强挂钩，充分激发"关键少数"在生态环境行政管理中的积极作为；最终消除地方政府对待环保工作的放任心态，将被动救济转化为积极作为。2023年中共中央、国务院印发《关于全面推进美丽中国建设的意见》提出"研究建立美丽中国建设成效考核指标体系"。由此可见地方行政系统对生态环境党内法规制度的自觉遵守，离不开目标评价考核机制的保障，应当在制度体系中进一步开发探索目标评价考核相关制度对生态环境国家治理(尤其公权力监管方面)的现实作用。

(二)坚持制度执行为关键

然而，再完善的监管机制都无法保障制度遵守的完全实现，制度运行过程中

---

① 中共中央纪律检查委员会、中共中央文献研究室编：《习近平关于严明党的纪律和规矩论述摘编》，中央文献出版社、中国方正出版社2016年版，第103页。
② 顾洁颖：《"交树交印"制度的启示》，载《光明日报》2023年3月18日，第2版。

永远存在遵守不到位的可能性。生态环境党内法规实施体系仅有制度遵守的内容是不足够的。依赖于党的组织权威，党的强制惩戒手段是保证党内法规转化的最后一道也是最有力的组织防线。① 必须通过压实制度执行实现对生态环境保护的责任追究，全面落实环境行政工作中的监督与问责。

长期以来，央地"委托-代理"关系中地方政府的执行异化是中国纵向治理中的一大难题。② 我国行政体制中因"条块关系"造成的地方治理矛盾，直接带来生态环境治理的地方保护主义问题，急需在纵向上增强对生态环境监管的制度供给。生态环境党内法规制度的执行围绕问责机制展开，利用督察制度加强对地方生态环境管理的监督。通过督察过程中开展的调查处置和监督问责，当前我国已经严肃整改了一大批生态环境问题，克服了过去中央"运动式执行"的弊端，实现"监督党委"和"监督政府"的协调统一③，有效扭转了地方环保行政不作为、乱作为、假作为的现象。

但是仅靠生态环境保护督察并不意味着生态环境党内法规制度完全执行到位，制度实施工作仍有待深入推进。一方面，基于督察客观存在的相对滞后性，生态环境保护还需要优化权力的自我监督机制，进一步完善其中党政责任追究体系，通过日常性的环境行政监督手段达到制度执行目的；另一方面，督察制度自身仍需进一步发展，在关注领导干部个人失职行为的同时，应当加强对于组织决策失误问题的监督，深化督察常态化和法治化，协调"中央-省"两级生态环境保护督察的工作机制。总的来说，生态环境保护领域需要编织起严密的党内法规制度执行网络，加强对地方党委和政府生态环境责任的法治监督保障。

(三) 坚持监督问责为主要目标

总的来说，结合生态环境党内法规体系的制度内容和现实需要，实施体系的

---

① 周叶中、邵帅：《论中国共产党党内法规的效力》，载《中国法律评论》2021 年第 3 期。
② 郁建兴、刘殷东：《纵向政府间关系中的督察制度：以中央环保督察为研究对象》，载《学术月刊》2020 年第 7 期。
③ 陈海嵩：《生态环境保护督察规范体系及其构造探析》，载《武汉大学学报(哲学社会科学版)》2023 年第 5 期。

发展目标是：充分发挥目标评价考核与监督问责机制的功能，实现对生态文明建设体制改革的责任追究，保障生态环境保护过程中党内组织运行处于正确方向、党外行政工作有序开展。实现这一发展目标主要依赖两个方面，一是以党政联合发文的方式同时约束党组织和行政组织，二是立足于党的领导将监督问责推及生态环境治理的各个方面。通常来说，党内法规的监督包括党内监督和党外监督。新时代党和国家监督体系是由党全面统一领导党风廉政建设和反腐败工作，以党内监督为主导，推动纪律监督、监察监督、派驻监督、巡视监督等监督衔接贯通协同。① 以环保督察的实施现状窥之，毋庸置疑党内监督是主导，但是其余的监督模式，尤其是外部监督相对被忽略。较为单一的监督模式可能导致生态环境党内法规实施目标的落空。因为监督的实质是对权力运行的规范和制约，单纯依靠组织机构内部相对封闭的自我纠正会影响监督的成效。尤其生态环境保护并非党内组织建设的内容，而是党领导社会事务的一个方面，更需要拓展监督模式多元化。我国现行的监督体系包括人大监督、党内监督、行政监督、司法监督、舆论监督等多种方式。但是这些多元化的监督方式未能充分运用于生态环境党内法规的实施过程之中，势必会对生态环境党内法规制度功能的实现造成不利影响。

必须将党内监督与其他各类监督贯通协调起来，以形成监督合力，增强监督成效。② 生态环境党内法规的实施应当推进内部监督与外部监督的协调配合，形成完备的监督体系，加强对党和国家权力的约束力度。2021年中共中央《关于加强对"一把手"和领导班子监督的意见》中提出："以党内监督为主导，贯通各类监督。"党的二十大报告强调"以党内监督为主导，促进各类监督贯通协调"。③ 由此，生态环境党内法规的监督机制应当在坚持党内监督为主导的基础上，促进各类监督机制的协调与衔接，尤其要重视相对薄弱的社会监督机制，强化规范实施的约束效力。总的来说，生态环境党内法规实施体系的发展应当围绕"监督、执

① 过勇、张鹏：《党和国家监督体系：系统建构与集成创新》，载《治理研究》2023年第4期。

② 陈松友、周慧红：《党内监督与其他各类监督贯通协调：意义、逻辑和路径》，载《行政论坛》2023年第3期。

③ 习近平：《高举中国特色社会主义伟大旗帜 为全面建设社会主义现代化国家而团结奋斗》，载《人民日报》2022年10月26日，第1版。

规、问责"环节不断优化，以领导干部责任作为切入点，全面适用生态环境保护督察制度，并完善权力自我监督和责任追究机制，强调政治上的监督问责和司法上的责任追究并用，实现生态环境治理"有权必有责、用权受监督"的目标，丰富中国特色社会主义法治实施体系。

第三节　生态环境保护党内法规制度的保障机制

尽管目前生态环境党内法规制度体系和实施体系都已取得较大进展，但在实现制度功能的过程中仍有各种阻碍。生态环境党内法规制度长期聚焦于如何完善制度体系、提升制度执行力，相对忽略制度实施的保障工作，成为制约其体系化、纵深化发展的突出问题。当前我国整体的党内法规保障制度尚不完善，生态环境党内法规保障机制更是处于雏形阶段，需要进一步发展。

一、生态环境党内法规保障机制的规范内涵

党内法规的保障体系由对党内法规体系建设工作起保障作用的制度构成，包括对党内法规规范质量、制度运行、实施成效等方面的保障。2023年，中共中央印发《中央党内法规制定工作规划纲要（2023—2027年）》明确提出要推动党内法规保障工作得到全面加强改进。根据中央文件的指示精神，构建"有力的党内法规制度建设保障体系"是新形势下党内法规体系化建设的必然要求。长远来看，构建生态环境党内法规保障体系是为了扫清制度功能实现的障碍，避免生态环境党内法规体系的发展陷入"头痛医头、脚痛医脚"的困境。生态环境党内法规保障体系具有一定特殊性。构建生态环境党内法规保障体系除了遵循一般性党内法规保障制度的归责以外，还应当根据生态环境党内法规体系的特性"量体裁衣"，思考关于党政双重主体规范质量监督权限的调适、党的规范性文件的保障工作以及如何满足生态文明建设体制改革的及时性保障需求等问题。本书认为，生态环境党内法规保障体系至少包括备案审查制度、规范解释制度和实施后评估制度。

（一）生态环境党内法规备案审查制度

备案审查是保障党内法规制度有效实施的核心机制。无备案则无统一，无审

查则无救济。如果没有备案审查，则难以避免出现党内法规制度之间相互冲突、前后矛盾的情况，党内法规之间、党内法规与国家法律之间不一致的地方也没有解决途径。① 对于生态环境党内法规体系而言，备案审查制度有利于统一生态文明制度的规范逻辑，进一步实现生态环境保护政党治理的法治化。当前我国党内法规备案审查制度的规范来源包括《中国共产党党内法规制定条例》（以下简称《制定条例》）和《中国共产党党内法规和规范性文件备案审查规定》（以下简称《备案审查规定》）。然而，这一制度未能在实践中充分有效发挥其应有作用。对于生态环境党内法规体系而言，一方面党内法规应当经过备案审查确保党内法规之间相统一并且与国家立法不冲突；另一方面由于各省和被授权的市有权制定党政规范性文件，因此部分省市制定了生态文明体制改革的实施办法或细则，这些实施办法或细则应当通过备案审查机制确保中央-地方立法立规的逻辑连贯和内在统一。由此可见，生态环境党内法规体系的发展对构建备案审查机制提出了相应要求。

（二）生态环境党内法规规范解释制度

即使党内法规经过备案审查制度的审视与检验，仍然无法避免客观存在概括性、抽象性和滞后性的问题，阻滞规范实施的成效。由于党内法规制度体系应当最大限度地保持稳定，杜绝无限的规范细化和扩张，因此需要充分运用解释制度，对规范的内容、条款的含义及其界限、适用等问题作出说明②，使党内法规在稳定性与适应性之间保持动态平衡。生态环境党内法规解释机制以其功能保障生态环境党内法规的有效落地，也是生态环境党内法规制度自我完善、自我转化的实现方式。当前，《中国共产党党内法规解释工作规定》（以下简称《解释工作规定》）围绕党内法规解释制度进行了总体性规定。然而，这一制度如何在生态环境保护领域加以准确适用还需进一步完善。当前生态环境党内法规的解释制度仍然存在欠缺，对于制度内容的理解和细化更多依赖于地方出台的制度实施细则。

---

① 常纪文：《全面系统完善我国生态文明党内法规体系》，载《中国环境管理》2022 年第 3 期。

② 张海涛：《论党政联合发文的规范性质》，载《党内法规理论研究》2021 年第 1 期。

但是当前地方相关实施细则大多是对中央党内法规内容的再次强调，无法替代规范解释的制度功能。推进并有力保障生态环境党内法规的制度实施，必须充分保障实施过程中实施主体对于制度规范的准确理解，因此有必要构建生态环境党内法规解释机制，统一量化生态环境党内法规实施标准，尤其完善对于弹性条款的普适性解释，保障生态文明建设中对生态环境党内法规的全面理解和准确适用。可以参照法律解释机制的逻辑脉络，创设常态化的生态环境党内法规解释机制。

(三) 生态环境党内法规实施后评估制度

通过备案审查和规范解释，生态环境党内法规运行的事前审查和事中解释得到保障，还需通过实施后评估机制进一步完善事后审查环节，严守党内法规的质量防线。习近平总书记指出："党内法规不少，主要问题在于执行不力，有的是缺乏执行能力，有的是缺乏执行底气。"[1]这里所说的"执行底气"，笔者认为取决于党内法规的制定质量。规范制定和规范实施的逻辑联系，意味着提升可实施性是党内法规制度建设的重要方面。所谓可实施性，不仅要求制度规范能够顺利运行，还要求制度规范为国家和社会治理带来积极效应。党内法规实施后评估能够为制度规范的可实施性提供保障，是"党内法规整体的质量保障防线"，主要着眼于评估文本质量和规范价值，并以此对制度内容的进一步完善提出建议。[2]

2019 年中共中央发布《中国共产党党内法规执行责任制规定》，第 15 条对党内法规实施后评估工作出具体规定，明确了实施后评估制度的作用是"督促……履行执规责任，推动党内法规实施"，并且列明了应当开展实施后评估的党内法规范畴。然而对比现实需要，党内法规实施后评估制度内容仍不完善，尚未明确回应评估时限、评估指标、评估后果等问题，制度运行的自主空间较大，导致了评估工作缺乏统一标准，评估实践相对滞后。对于生态环境党内法规制度而言，由于其具有制度创新和"先试先行"的显著特征，因此对于制度规范的质量要求更

---

① 《习近平在内蒙古考察并指导开展"不忘初心、牢记使命"主题教育》，载中华人民共和国中央人民政府网，https：//www.gov.cn/xinwen/2019-07/16/content_5410342.htm，2024 年 5 月 10 日访问。

② 林蓉蓉、谷志军：《从文本质量到实施效果：党内法规实施后评估指标体系的构建》，载《探索》2020 年第 3 期。

高，当前党内法规实施后评估的制度内容难以满足保障生态环境党内法规实施的需要，应当有针对性地完善和适用生态环境党内法规实施后评估制度，并将其作为生态环境管理体制建设的有益补充。虽然实施后评估制度直接作用的对象是生态环境党内法规制度体系，但是作为生态环境党内法规体系的基础和依据，制度体系的完善意味着规范可实施性的提升，进而间接推动规范实施的顺利运行。

应当看到，当前的党内法规实施后评估虽然在一定程度上推进了党内法规制度体系的发展，但是忽略了通过党内法规制度实施情况评估制度设计合理性和可行性的方面，可能影响实施后评估制度对制度规范的校正成效。据此，应当全面开展党内法规实施后评估工作，既包括制度内容对"执行情况"的优劣影响的评估，也包括对规范本身的优劣评估。① 当前，《制定条例》和《中国共产党党内法规执行责任制规定(试行)》(以下简称《执行责任制规定》)从整体上规定了党内法规实施后评估工作。虽然党内法规实施后评估机制已有相对具体的操作方案，但是实践中并未得到普遍适用。在生态环境保护领域，有关部门已经在专项审查和集中清理相关规范性文件和重要决定时修改、废止了共计 1.1 万余件规范性文件，② 但这一工作并未延伸到党内法规层面，意味着当前生态环境党内法规实施后评估工作尚未起步，急需推进对立规质量"回头看"。

二、建立健全生态环境党内法规保障机制的总体要求

基于上述分析，现阶段需要讨论如何构建生态环境党内法规保障体系的问题。基本思路如下：首先确立生态环境党内法规备案审查、规范解释和实施后评估等制度的基础内容并投入实践运用，其次进一步完善制度必须充分考虑生态环境党内法规体系的特殊性，尽可能消弭保障工作中存在的困难和阻碍。

(一)发展生态环境党内法规备案审查制度

虽然当前我国已有党内法规备案审查制度的一般规定，但是生态环境党内法

---

① 王建芹、刘丰豪：《党内法规实施后评估主体多元化问题研究》，载《浙江学刊》2021年第 1 期。

② 徐航、周誉东：《备案审查：维护国家法治统一　助力生态环境保护》，载全国人民代表大会网，http://www.npc.gov.cn/npc/c2/c30834/202308/t20230823_431111.html，2024年 6 月 2 日访问。

规体系对备案审查提出了特殊要求，突出表现为备案审查的主体应当具有复合性。如前所述，生态环境党内法规制度具有政治和法治的双重属性。就党内法规（狭义）而言，有学者指出："中共中央、国务院联合发布的条例、规定、办法，既是一种党内法规，又是一种行政法规。"[1]就党的规范性文件而言，涉及公民、法人和其他组织的权利义务、具有普遍约束力、能在一定期限内反复适用的党政联合发文，有必要将其认定为行政规范性文件。[2] 因此生态环境党内法规的备案审查主体应当包括党委、各级人大常委会、国务院和各级地方政府。然而，复合主体并不意味着备案审查工作更有保障，相反可能因为衔接协调不畅阻碍备案审查工作的开展。因此发展生态环境党内法规备案审查制度，应当重点完善备案审查衔接联动机制[3]，提升党和国家备案审查机关之间的有效互动，加强工作联系与监督协作。此外，党和国家备案审查机关之间应当以完善党内法规制度体系和推进生态文明建设为目标，共同加大对相关规范性文件的备案审查和纠正力度。

（二）建立生态环境党内法规规范解释制度

建立生态环境党内法规的常态化解释制度，必须明确解释工作的启动、解释主体和解释效力等核心问题。就解释工作的启动而言，《解释工作规定》第 6 条明确了依职权的主动方式和依职能部门请求的被动方式。显然，依请求的启动模式更能反映实践中规范适用的难点，应当被广泛适用，然而当前这一模式存在许多阻碍性因素，例如请求主体的有限性、请求程序的复杂性和请求审批的模糊性等，亟待进一步制度突破。就解释主体而言，"党内法规具有很高的效力和权威性，对党内法规的解释也必然具有很高的效力和权威性，因此必须慎重作出，对党内法规解释主体作严格限定，不能泛化"。[4]《制定条例》第 34 条规定了"谁制

---

① 金国坤：《党政机构统筹改革与行政法理论的发展》，载《行政法学研究》2018 年第 5 期。

② 张海涛：《论党政联合发文的规范性质》，载《党内法规理论研究》2021 年第 1 期。

③ 《备案审查规定》第 4 条第 3 款规定："各级党委应当与同级人大常委会、政府等有关方面建立健全备案审查衔接联动机制。"

④ 中共中央办公厅法规局：《中国共产党党内法规制定条例及相关规定释义》，法律出版社 2020 年版，第 196 页。

定谁解释"的原则,① 同时《解释工作规定》第 3 条作了例外规定,② 意味着当前党内法规的解释方式包括自行解释和授权解释。生态环境党内法规中,只有《中央生态环境保护督察工作规定》第 41 条③规定了授权解释的内容。换言之,其他生态环境党内法规应当由制定机关作出解释。由于"党政联合发文"的制定主体具有复合性(即党委和政府),因此在全面深化改革的背景之下,如何面对党和国家机构改革带来的权力配置变化,处理党委和政府的解释权分配问题,已经成为释规主体论研究亟待破解的问题。④ 就解释效力而言,《制定条例》和《解释工作规定》明确规定,"党内法规的解释同党内法规具有同等效力"。⑤ 但并未有规定明确党的规范性文件的解释效力。党的规范性文件在生态环境党内法规体系中占据重要地位,在生态文明建设中发挥实质的规范效力,有必要对其作出解释。参照上述规定,生态环境党的规范性文件解释的效力应当与该文件效力相同,共同作为生态环境治理的制度依据。总的来说,生态环境党内法规体系应当立足于中央文件对于党内法规解释制度的普遍性规定,进一步发展常态化的解释机制。

(三)完善生态环境党内法规实施后评估制度

完善生态环境党内法规实施后评估制度应当从以下几个方面着手:一是评估范围。虽然《执行责任制规定》第 15 条第 2 款⑥对此有初步规定,但是相对于生

---

　　① 《制定条例》第 34 条规定:"党内法规需要进一步明确条款具体含义或者适用问题的,应当进行解释。中央党内法规由党中央或者授权有关部委解释,中央纪律检查委员会以及党中央工作机关和省、自治区、直辖市党委制定的党内法规由制定机关解释。"

　　② 《解释工作规定》第 3 条第 1 款规定:"党的中央组织可以对其制定的党内法规进行解释,也可以在其制定的党内法规中授权有关部委进行解释。授权多个部委进行解释的,牵头单位应当会同有关部委统一作出解释,不得各自解释。"

　　③ 《中央生态环境保护督察工作规定》第 41 条规定:"本规定由生态环境部负责解释。"

　　④ 章志远:《从立规论到释规论:党内法规研究范式的时代转向》,载《东岳论丛》2021年第 6 期。

　　⑤ 此处应当指狭义的党内法规。

　　⑥ 《执行责任制规定(试行)》第 15 条第 2 款规定:"应当列入实施评估范围的党内法规主要包括:上位党内法规和规范性文件作出新规定、提出新要求的;相关法律法规作出新规定的;规范和调整事项发生较大变化的;执行过程中遇到较大困难、意见反映较多的;试行期满或者没有规定试行期但试行超过 5 年的。"

态环境党内法规现状而言，这一规定的评估范围过于狭窄。因为生态环境党内法规的优势之一是利用"先试先行"手段探索体制改革的最佳路径，具有明显的前沿性特征，所以对于实施后评估的全面性和及时性提出更高要求，需要定期对规范文件开展全面评估，以便及时为生态环境法治的完善提供实践反馈。二是评估主体。《执行责任制规定（试行）》第15条第1款①将评估主体限定为党内法规制定机关，忽视了评估主体多元性的可能。从评估主体多元化和评估程序公正化的角度考量，生态环境党内法规实施后评估应当在内部评估主体之外增设其他的参与主体，具体应根据规范的调整对象和适用范围确定"利益相关者"②。借鉴立法实施后评估制度，党内法规实施后评估应当在合理范围内将规范实施者纳入主体范畴。同时，参照备案审查制度，应当充分考虑复合评估主体的因素，协调党法与国法的实施后评估。三是评估指标。当前缺乏对这一方面的明确规定，参照备案审查工作的相关规定（如第11条），可以从政治性、合法合规性、合理性、规范性方面进行党内法规实施后评估。然而，评估党内法规制度体系的统一性、可操作性、必要性、适时性等方面还需要进一步确定指标，借鉴立法评估、政策评估和绩效评估的相关研究构建一套以实施效果为主导的党内法规实施后评估指标体系。由于生态环境保护的最终目标是实现人与自然和谐共生，因此本领域党内法规实施后评估最重要的指标应当是生态环境质量。

---

① 《执行责任制规定（试行）》第15条第1款规定："党内法规制定机关可以视情对党内法规执行情况、实施效果开展评估，督促党组织和党员领导干部履行执规责任，推动党内法规实施。"

② 曾刚、周全：《党内法规评估机制系统性建构》，载《行政与法》2020年第8期。

第六章　生态环境党内法规制度纳入环境法典的规范方案

生态环境法典编纂无疑是当前中国环境法治的核心议题。2023年9月，十四届全国人大常委会立法规划明确提出"积极研究推进（生态环境）法典编纂工作"，并列入一类立法项目；同时要求"本届立法在法典编纂方面要有新进展新突破"。[①] 2023年12月底，全国人大常委会法工委表示，全国人大常委会正在稳步、有序地积极研究推进生态环境法典编纂工作。[②] 2024年7月，党的二十届三中全会审议通过的《中共中央关于进一步全面深化改革、推进中国式现代化的决定》明确提出"编纂生态环境法典"。在法典化的时代背景下，必须回答是否应当在我国环境法典中体现生态环境党内法规制度、以什么样的规范方式加以体现的问题，这构成了当前我国环境法典编纂中一个不容回避的紧迫议题。本书对这一问题尝试予以回答，以期在理论层面创新中国特色环境法知识体系与学术体系，在实践层面推进中国环境法典编纂的历史性进程。

第一节　生态环境党内法规制度纳入环境法典的正当性

前面已经论述，生态环境党内法规制度已经广泛出现在当前我国生态环境法治多个领域之中，具有相应的规范效力，发挥着不可取代的重要作用，是国家治理及中国特色社会主义法治建设实践中出现的新型规范形态。基于此前提，如何

[①] 黄庆畅：《全国人大常委会法工委有关负责人就十四届全国人大常委会立法规划答记者问》，载《人民日报》2023年9月8日，第4版。

[②] 徐航：《稳步有序推进生态环境法典编纂工作》，载《中国人大》2023年第24期。

将生态环境党内法规制度充分体现在环境法治体系之中，成为中国环境法典编纂中一个不可忽视的重要问题，可以从多个方面加以理解。

一、充分体现环境法典所内含政治性的必然要求

在环境法典中纳入生态环境党内法规制度，其法理依据在于法律与政治相互间的紧密联系。毋庸置疑，法律与政治均为国家治理中的重要组成部分，两者决不能加以割裂，不存在脱离政治的所谓纯粹法治。正如习近平总书记所强调的："法治当中有政治，没有脱离政治的法治；每一种法治模式当中都有一种政治逻辑。"①相应权威研究也明确指出："法律不是独立存在的，它建立在政治的柱石之上；没有政治，法律的天空随时可能坍塌。"②在当代中国，这就表现为中国特色社会主义法治建设的双重属性，即法治工作是政治性很强的业务工作，也是业务性很强的政治工作③。这为我们理解环境法典所内含的政治性提供了基础。

在此基础上，生态环境保护的内在属性和特质决定了环境法典的政治性，有着比一般部门法更为丰富和独特的内涵。从根本上说，政治是在共同体中并为共同体的利益而作出决策和将其付诸实施的活动④，或者说"政治就是关于重要公共公益的决策与分配活动"。⑤从内在属性上说，生态环境保护及环境质量是典型的公共物品，具有不可分割性和不可替代性，同时还具有跨区域的流动性的特点，涉及大范围内公众的切身利益，不可能仅通过市场机制加以合理调整而使得资源配置达到最优，而是需要国家积极采取行动克服"市场失灵"，提供社会所必需的环境公共物品。⑥因此，生态环境保护必然是一项重大公共利益，相关措施

---

① 中共中央文献研究室：《习近平关于全面依法治国论述摘编》，中央文献出版社 2015 年版，第 34 页。

② [美] 莱斯利·里普森：《政治学的重大问题——政治学导论》（第十版），刘晓等译，华夏出版社 2001 年版，第 201 页。

③ 徐显明：《建设德才兼备的高素质法治工作队伍》，载《法制日报》2019 年 5 月 24 日，第 1 版。

④ [英]戴维·米勒、韦农·波格丹诺：《布莱克维尔政治学百科全书》，邓正来译，中国政法大学出版社 1992 年版，第 583 页。

⑤ 俞可平：《政治学通论》，当代世界出版社 2002 年版，第 2 页。

⑥ [瑞典]托马斯·思德纳：《环境与自然资源管理的政策工具》，张蔚文、黄祖辉译，上海人民出版社 2005 年版，第 39 页。

也就必然属于"重要公共公益的决策与分配"，具有强烈的政治性要求，这普遍体现在世界各国环境立法与实践活动之中。相应研究即指出，在各国制定生态环境和自然资源保护法的过程中，一直存在着法律与政治的互动博弈，也就是法律与政治的共谋。① 在当代中国，生态文明建设构成中国特色社会主义建设基本路线、方针、政策中的重要内容；2018 年 5 月 18 日，习近平总书记在全国生态环境保护大会上即指出："生态环境是关系党的使命宗旨的重大政治问题，也是关系民生的重大社会问题。"这一内在属性及其特质，在实践中同样体现为生态环境保护的"双重属性"，即生态环境保护是一项业务性很强的政治工作，也是一项政治性很强的业务工作②。显然，生态环境保护和法治建设均具有强烈的政治属性，是党领导人民确立并不断加以深化的中国特色社会主义建设要求，在环境法典编纂中需要加以充分体现，通过适宜的方式彰显生态环境保护与法治建设的政治性要求，即将生态环境党内法规制度纳入环境法典的相应规定之中。从另外一个角度说，如果环境法典编纂忽视前述生态环境保护及法治建设均内含的政治性内容，就背离了当代中国特色社会主义建设"五位一体"的总体布局，无助于形成一部体现时代特点和中国特色的环境法典。

二、贯彻党的领导、推进中国特色社会主义法治体系建设的必然要求

历史与现实决定了党的领导是中国特色社会主义法治体系建设的核心与关键，是中国环境法治发展最为核心的要素。笔者曾分析提出，对当代中国环境法治转型及其发展的理解与阐释，有必要排除狭隘的实证法学思维，必须将执政党的因素纳入考察范围，围绕中国共产党在国家事务中的领导核心地位，以中国现实中的"党政体制"作为出发点。③ 在此不再赘述。基于这一前提，环境法典编纂不仅仅是环境法律规则自身的整合和提炼，更是具有深化全面依法治国的全局性意义和普遍性价值，即符合中国特色社会主义法治体系建设的需要并不断加以推

---

① 姚建宗：《论法律与政治的共生：法律政治学导论》，载《学习与探索》2010 年第 4 期。

② 李干杰：《坚决打赢污染防治攻坚战 以生态环境保护优异成绩决胜全面建成小康社会》，2020 年全国生态环境保护工作会议，2020 年 1 月 12 日。

③ 陈海嵩：《中国环境法治转型的规范阐释》，社会科学文献出版社 2022 年版，第 3 页。

进。"中国特色社会主义法治体系"这一概念和命题，确立了当代中国法治理论的基石范畴和核心概念，对深化全面依法治国具有纲举目张的重要意义，内涵包括法律规范体系、法治实施体系、法治监督体系、法治保障体系、党内法规体系①。相较于传统法学理论以及"法律体系"命题，中国特色社会主义法治体系内涵更为丰富，将全面依法治国和国家治理现代化过程中的重要环节和内在要求，形成了国家治理中的多元规范类型。超越传统实证法的多元规范类型及其互动关系并非单纯理论上的研讨，而是已经普遍存在于我国国家治理体系与治理能力现代化的实践之中。可以说，规范多元的法治协同已经成为党内治理和国家治理中的重要命题；法治可以通过法律与其他规范的互动扩展至整个社会领域，从而形成一种以法律为基础并统摄其他规范的"规则之治"②。在生态环境保护领域，这一现象同样普遍存在并深刻影响着环境法治的各个方面；为符合中国特色社会主义法治体系建设的要求，就必须通过合适的规范路径充分体现生态环境保护领域的多元规范及其协同特质，而这显然意味着某种意义上的"另起炉灶"而不是简单的修改现行环境立法。吕忠梅教授即明确指出，构建现代环境治理体系的新目标新任务，迫切要求改变目前我国生态环境保护的既有立法模式，以系统性、整体性、协同性立法思维和方法进行法典编纂。③ 立足于中国特色社会主义法治体系建设的立场，通过环境法典编纂对多种形态的生态环境党内法规制度加以整合和提炼是最为适宜的方式，也是满足现代环境治理体系要求的题中应有之义，直接成为在党的领导下深化生态环境治理的规范来源。

三、面向中国环境法治实践、有效回应生态文明体制改革的必然要求

把握历史趋势、反映时代精神是理论学说具有生命力的基本条件。从根本上说，每一个时代的理论思维都是历史的产物，在不同的时代具有不同的形式，同

---

① 张文显：《在新的历史起点上推进中国特色法学体系构建》，载《中国社会科学》2019年第10期。
② 彭小龙：《规范多元的法治协同：基于构成性视角的观察》，载《中国法学》2021年第5期。
③ 吕忠梅：《中国环境法典的编纂条件与基本定位》，载《当代法学》2021年第6期。

时具有不同的内容。对环境法典编纂的理性认识和学术研讨自然应当以环境法治实践为基本依据，能够有效回应生态文明体制改革提出的新目标、新问题。本书第二章对于当前生态环境党内法规制度所发挥作用的领域及其路径的分析，已经揭示其所调整的多种生态环境保护事项与规范方式，系统梳理了其对相关主体提出的规范性要求，自有必要在环境法典编纂中加以充分考虑与体现，此处不再赘述。

除此之外还应当注意到，生态环境党规法规制度已经在司法裁判中得到不同程度的援引、适用，进一步验证了将其纳入环境法典的现实紧迫性。搜索方法是：选取最具代表性的中国裁判文书网、北大法宝数据库，在裁判文书最为核心的说理部分（即"本院认为"部分）以关键词检察的方式进行搜索（截至 2022 年 1月），看其中是否出现生态环境党内法规制度。搜索结果显示，目前生态环境党内法规制度在司法裁判中的运用主要有两种方式：一是直接作为司法裁判的依据加以直接援引，例如在判决书中阐明"根据中共中央办公厅、国务院办公厅印发《关于全面推行河长制的意见》的规定，各级河长对侵占河道的行为有管理的职责"，因此判定被告黄石街道办事处依法具有强制拆除的职权（广东省高级人民法院（2020）粤行终 184 号）；二是作为司法裁判说理的依据和裁判结果的参考，例如在判决书中阐明"中共中央、国务院在《生态文明体制改革总体方案》中提出：严格实行生态环境损害赔偿制度。强化生产者环境保护法律责任，大幅度提高违法成本；在坚持绿色发展理念、贯彻落实美丽中国建设过程中，我们必须遵循恢复性司法要求，注重对生态环境的保护和修复"（山东省兰陵县人民法院（2019）鲁 1324 刑初 187 号）。总体情况如表 6-1 所示：

表 6-1　　　　　生态环境党内法规制度在司法裁判中的适用情况

司法适用方式	所适用规范依据发布主体、名称	案件编号	适用结果
直接援引	中办、国办《党政领导干部生态环境损害责任追究办法（试行）》	陕西省洛南县人民法院（2017）陕 1021 刑初 83 号	认定被告所犯玩忽职守罪为较轻情节
	中办、国办《关于全面推行河长制的意见》	广东省高级人民法院（2020）粤行终 184 号	认定被告黄石街道办依法具有强制拆除的职权

续表

司法适用方式	所适用规范依据发布主体、名称	案 件 编 号	适 用 结 果
直接援引	中办、国办《关于全面推行河长制的意见》	山东省烟台市中级人民法院(2020)鲁06行终210号	认定被告强制拆除原告违法建筑行为合法
		安徽省马鞍山市中级人民法院(2020)皖05行终14号行政判决书	陶厂镇政府作为河长,对其属地范围内侵占河道违法行为具有依法清理整治的职责
		江苏省连云港市中级人民法院行政判决书(2019)苏07行终220号	浦南镇政府根据海州区河长办交办的任务,有权要求李某自行拆除违法建筑和清理违章种植的树苗
		山东省济南市中级人民法院民事裁定书(2018)鲁01民终7299号	商河县为落实河长制,积极推进"清河行动",收回徒骇河河道管理范围内国有土地合法
	中办、国办《生态环境损害赔偿制度改革试点方案》	重庆市第一中级人民法院(2017)渝01民初773号民事判决书	重庆市人民政府依据该方案,有权提起生态环境损害赔偿诉讼
		贵州省安顺市中级人民法院(2020)黔04民特5号民事裁定书	赔偿权利人与义务人之间可以根据该方案,先行进行生态环境损害赔偿磋商
		贵州省安顺市中级人民法院(2020)黔04民特4号民事裁定书	根据改革方案,安顺市生态环境局有权作为赔偿权利人与赔偿义务人就生态环境损害赔偿进行磋商

续表

司法适用方式	所适用规范依据发布主体、名称	案件编号	适用结果
直接援引	中办、国办《生态环境损害赔偿制度改革试点方案》	江苏省泰州市中级人民法院（2017）苏12民初51号民事判决书	根据该方案，被告应当承担因其侵权行为所导致的生态环境修复期间服务功能的损失费用
	中办、国办《生态环境损害赔偿制度改革方案》	河北省高级人民法院（2018）冀民终758号民事判决书	根据该方案，环境损害赔偿金作为政府非税收入，全额上缴同级国库。将环境损害赔偿金付至秦皇岛市专项资金账户，用于当地环境修复并无不当
		重庆市第一中级人民法院（2020）渝01民初195号民事判决书	根据该方案，大足区生态环境局受赔偿权利人重庆市大足区人民政府指定开展调查、磋商、诉讼等生态环境损害赔偿具体工作
		山东省济南市中级人民法院（2017）鲁01民初1467号民事判决书	山东省人民政府经国务院授权，指定山东省生态环境厅作为赔偿权利人提起本案生态环境损害赔偿诉讼，符合该方案要求
		福建省漳州市中级人民法院（2018）闽06民终1109号民事裁定书	龙海市水利局未提供证据证明，其经省、市级政府授权提起本案的生态环境损害赔偿诉讼，不是适格原告

续表

司法适用方式	所适用规范依据发布主体、名称	案件编号	适用结果
直接援引	中办、国办《生态环境损害赔偿制度改革方案》	福建省龙岩市新罗区人民法院（2020）闽0802刑初422号刑事附带民事判决书	龙岩市新罗生态环境局为消除危险采取的应急预防、合理处置措施而产生的应急处理费用及危险废物处置费用，符合该方案中的生态环境损害赔偿范围
		福建省连城县人民法院（2019）闽0825刑初232号刑事附带民事判决书	本案废旧电路板元器件及半成品的处置费用并非该改革方案所指的"损失"
		安徽省铜陵市铜官区人民法院（2017）皖0705刑初329号刑事附带民事判决书	铜陵市环境保护局为消除危险采取的合理预防、处置措施而发生的应急处理费用以及废物处置，符合该改革方案中的生态环境损害赔偿范围
		上海市金山区人民法院（2020）沪0116民特117号民事裁定书	双方根据改革方案要求，为实现受损生态环境的修复和赔偿自愿达成《生态环境损害赔偿协议》，应予以确认其合法有效
		山西省朔州市朔城区人民法院（2020）晋0602行审87号行政裁定书	根据该指导意见，县级环保局调整为市级环保局的派出分局，未经法律法规授权不能以自己的名义实施行政处罚

续表

司法适用方式	所适用规范依据发布主体、名称	案件编号	适用结果
裁判参考	中共中央、国务院《生态文明体制改革总体方案》	山东省兰陵县人民法院（2019）鲁1324刑初187号	在坚持绿色发展理念、贯彻落实美丽中国建设过程中，我们必须遵循恢复性司法要求，注重对生态环境的保护和修复
	中办、国办《关于全面推行河长制的意见》	湖北省孝感市中级人民法院（2020）鄂09民终146号；湖北省孝昌县人民法院（2019）鄂0921民初1818号	推行河长制并不改变已依法确立的水库所有人、管理人的地位和法律责任；被告并非适格主体
	中办、国办《生态环境损害赔偿制度改革方案》	广东省高级人民法院（2019）粤民终2169号民事判决书	该规定作为规范性文件，并不能直接对抗法律、法规
		贵州省毕节市中级人民法院（2019）黔05民初104号民事判决书	贵州省环境工程评估中心为磋商提供的评估报告符合国家及贵州省生态环境损害赔偿制度改革实施方案的要求，出具的评估报告符合证据标准

　　由上可见，环境司法领域中已经出现较多援引生态环境党内法规制度加以说理或直接作为裁判依据的案例，从司法适用角度某种程度上认可了生态环境党规法规制度所具有的规范效力，进一步佐证了其纳入环境法典编纂的重要性和必要性。

第二节　生态环境党内法规制度纳入环境
法典的规范模式及定位

从本质上看，将生态环境党内法规制度纳入环境法典的核心问题，在于国家法律通过适当方式对党内法规、党的规范性文件中涉及党外事务的规定所产生事实效力的承接，并由国家强制力予以保障。总体而言，国家法律的这一承接是保障党执法执政的逻辑必然、价值必然和制度必然，在党直接领导的领域已经得到充分体现，如相关立法对各级国家机关、人民团体、经济组织等非党组织中设立党组的规定；从另一方面看，如果相关国家法律不能及时跟进、承接党的规范并予以确认，党内法规中涉及非党主体和党外事务的规定所产生事实效力会挤占国家法律效力空间，正当性也会遭受质疑。① 在此基础上，我们得以进一步分析环境法典作为国家法律如何有效、合理地承接生态环境党内法规制度。

一、生态环境党内法规制度纳入环境法典的模式选择

有研究曾对党的领导如何法治化进行了归纳梳理，包括三种基本模式：一是国法模式，即通过宪法法律来规范和保障党的领导；二是党规模式，即通过党内法规对党的领导及制度进行规定；三是复合模式，即在相关的具体法律中对党的领导作出原则性规定。同时，通过党内法规对党的领导的权限、方式、程序等方面作出具体规定②。显然，生态环境党内法规制度纳入环境法典问题本身就涉及多种规范类型(国家法律、党内法规、党的政策)的并存，不可能由单纯的国法或党规加以涵盖，总体上需遵循"国法抽象确认、党规具体细化"的复合模式，自无疑问。

然而，就环境法典编纂的要求而言，需要进一步明确"国法抽象确认"或者说"原则性规定"的具体内涵，以适应中国环境法治的实践需求。综合考察现有立

---

① 秦前红、张晓瑜：《对党内法规外溢效力的省思与回应》，载《党内法规理论研究》2021 年第 1 期。

② 欧爱民、向嘉晨：《党的领导法治化的复合模式及其实施路径》，载《吉首大学学报(社会科学版)》2020 年第 2 期。

法，已有一些政治性较强的国家法律规定了"坚持中国共产党对……的领导"，作为该立法的基本原则(如《全国人民代表大会组织法》第 3 条、《国家安全法》第 4 条、《公务员法》第 4 条、《生物安全法》第 4 条等)，同时个别立法还进一步规定了党的工作机关职权(如《生物安全法》第 10 条)。这些立法经验为生态环境党内法规制度纳入环境法典提供了重要的参考和借鉴，但远不足以回应中国环境法治实践的需求。根据前文分析，目前生态环境党内法规制度对国家及社会事务进行调整的领域包括：生态环境保护行政权的组织、配置与行使；党政领导干部生态环境损害责任追究；生态环境保护督察中的权力行使；其他生态文明体制改革措施对相关主体的规范性要求。同时，相应党内法规、党的规范性文件也已在司法实践中得到一定程度的确认和援引。这实际上对复合模式中"国法抽象确认"的方式提出了新的创造性要求，即在概括性规定"坚持党的领导"基础上，还必须能够对生态环境党内法规制度所涉及国家及社会事务形成规范涵摄，充分体现生态文明体制改革进程及要求。

二、生态环境党内法规制度纳入环境法典的规范定位

笔者主张，为解决上述问题，需要在环境法典之中确认生态环境党内法规制度的特殊法律渊源地位，拓展、创新现有党的领导"入法入规"的方式。这里包含两个方面的内容：一是确认生态环境党内法规制度具有法律渊源地位，具有相应约束力，能够作为生态环境执法、司法的规范依据；二是生态环境党内法规制度所具有的法律渊源地位是特定条件的，即必须属于生态文明体制改革的重要举措并在实践中得以广泛施行。对"特色法律渊源"定位正当性的证成，可以从如下三个方面加以展开：

第一，从基本属性看，党的领导法规制度具备成为法律渊源的条件。在概念上，党的领导法规制度隶属于党内法规制度，后者是由党内法规子体系与党内规范性文件子体系所构成，都发挥着相应规章制度的作用。[①] 一般意义上，党内法规体现了制定过程中的民主，具有抽象性和普遍性，可以作为实质意义的法律，

---

① 王伟国：《国家治理体系视角下党内法规研究的基础概念辨析》，载《中国法学》2018年第 2 期。

具备成为法源的条件。① 有研究进而指出,党的领导法规制度是党的政治、思想和组织领导的重要载体,基于《宪法》第1条规定而具有宪法认知渊源的地位,属于"法的渊源"范畴所包含的内容。② 根据党中央对党内法规体系的权威阐释,生态环境保护领域隶属于"党的领导法规"范畴,规范和保障执政党对生态文明建设工作的领导。③ 因此,生态环境党内法规制度(包括严格意义上党内法规以及党的规范性文件)即为生态环境保护领域党的领导法规制度,具备在这一领域成为法律渊源的条件。

第二,从发布主体看,生态环境党内法规制度均属于"党政联合发文",即由党组织和国家机关针对特定事项共同发布的规范性文件,包含"党"与"政"两方面的复合要素,大部分表现为中办、国办联合发文,或者中共中央、国务院联合发文。在属性上,研究指出,党政联合发文既是规范党的领导活动的"党的规范性文件",也是国家政权机关制定的"法律规范性文件",其实已经兼具制定法(行政法规或规章)的性质,事实上已成为行政机关进行管理活动的依据,自然构成法的渊源。④ 因此在这一意义上,作为"党政联合发文"的生态环境党内法规制度具有双重属性,不能忽视其作为特定形式国家制定法的意涵。

第三,从国家治理角度看,多元规范已经成为法治实践中的普遍现象,必须摒弃传统"国家法中心主义"的狭隘认识;这一现象在生态环境保护领域尤为突出,更应当予以全面认识和理性对待。在中国特色社会主义法治建设之中,实践性是其本质属性,实践逻辑是其根本逻辑,法治理论根源于伟大的法治实践。⑤ 根据前文的分析,生态环境党内法规制度在环境治理中已经发挥着举足轻重的作用,构成生态环境保护领域行政权力配置与行使、党政领导干部问责、督察权力

---

① 王锴、于洁:《论党内法规的法源属性》,载《理论与改革》2020年第6期。

② 雷磊:《重构"法的渊源"范畴》,载《中国社会科学》2021年第6期。

③ 中共中央办公厅法规局:《中国共产党党内法规体系》,载《人民日报》2021年8月4日,第1版。

④ 参见封丽霞:《党政联合发文的制度逻辑及其规范化问题》,载《法学研究》2021年第1期;雷磊:《法的渊源:一种新的分类法及其在中国语境中的应用》,载《河北法学》2021年第11期。

⑤ 张文显:《习近平法治思想的实践逻辑、理论逻辑与历史逻辑》,载《中国社会科学》2021年第3期。

行使及相关主体规范性要求的主要规范依据，在环境司法实践中也开始得到援引和适用，这足以说明生态环境党内法规制度在中国特色社会主义法治及相应国家治理实践中的规范功效，是根据特定领域治理的需要，针对一定的国家与社会事务由执政党加以实际管理或者施以约束、监督，进而通过特定机关(一般为行政机关)行使相应权力实现对外的规制效果。这可理解为当代中国"党政一体的复合型治理结构"在生态环境保护领域的具体适用，充分体现这一"适应和切合执政党治国理政要求的政治与行政的复合型制度安排"①。因此，确认生态环境党内法规制度具有的法律渊源地位，是环境法典编纂顺应国家治理体系与治理能力现代化要求的题中应有之义。

第三节　生态环境党内法规制度纳入环境法典的规范路径

立足于"特殊法律渊源"的规范定位，生态环境党内法规制度需要在环境法典相应部分中以适当的方式加以规定，通过体系强制形成统一的法秩序，即在整体性的生态文明法治体系中实现国法党规秩序化，这正是环境法典编纂乃至环境法学研究的一个重要课题。②

需要注意的是，环境法典编纂作为一项立法活动，需要遵循立法自身的规律。立法是一种"以上规下"的行为，而国家立法机关是接受党的领导的国家机关，处于被领导地位，不能也不应通过制定国家法律的方式直接规定中国共产党的领导行为，或者设置相应法律责任。③ 这就对生态环境党内法规制度纳入环境法典的具体立法技术提出了要求，既要充分体现环境法治的实践进展及生态文明体制改革的需要，又要做到不逾越立法的自身界限，将生态环境党内法规制度作为"特殊法律渊源"的规范定位落实在环境法典相关内容之中，并形成法典所要求的体系强制，即"各部分规范以不同的方式相互关涉，彼此交织及共同作用产生

---

① 王浦劬：《当代中国治理的党政结构和功能机制》，载《中国社会科学》2019 年第 1 期。

② 吕忠梅、田时雨：《在习近平法治思想指引下建设生态文明法治体系》，载《法学论坛》2021 年第 2 期。

③ 宋功德：《党规之治》，法律出版社 2015 年版，第 75 页。

了一个规范总体"①。总体而言，涉及如下四个方面的规定：

一、在环境法典"一般规定"中明确党的领导原则

"一般规定"是一部立法中最具一般性的条款，其承载着确定和维护环境法典所调整法律秩序的功能。② 一般规定部分包括立法目的、定义、适用范围、基本原则、基本法律关系等核心条款。基于前文所述党的领导法治化"国法抽象确认、党规具体细化"复合模式，基本原则条款无疑最为适宜承担"抽象确认"的功能，即首先在环境法典"一般规定"的基本原则条款中确认党的领导原则，作为统领整部立法相关内容的概括性、一般性条款，也从一般意义上宣示生态环境党内法规制度纳入环境法典的总体要求，为确立生态环境党内法规制度"特殊法律渊源"之定位提供法秩序基础。就具体内容而言，参考已有相关立法经验（如《全国人民代表大会组织法》第3条、《国家安全法》第4条、《生物安全法》第4条等），可表述为"生态环境保护工作坚持中国共产党的领导……"作为环境法典基本原则条款的开头部分。

二、在环境法典"公权力主体"部分设立引致条款和兜底条款

"公权力主体"是环境法典中的重要内容，是对相关主体各项生态环境保护管理职责及管理体制的规定。前文已经充分说明，党的规范已经在生态环境保护行政权的组织、配置与行使，以及党政领导干部生态环境责任追究上发挥着重要的规范作用，换言之，党的领导已经成为生态环境保护国家权力配置、运行及其监督的内在构成部分。正如有研究所指出的，党的领导已经内化为国家权力配置和运行中不可或缺的组成部分，体现在组织设置等各个方面。③ 另外，在中国特色社会主义制度下，党的领导同样具有公共权力的属性，对相应国家与社会事务实

---

① ［德］卡尔·拉伦茨：《法学方法论》，黄家镇译，商务印书馆2020年版，第336页。

② 田时雨：《论法律秩序视角下环境法典总则一般规定的构建》，载《苏州大学学报（法学版）》2021年第4期。

③ 门中敬：《我国政府架构下的权力配置模式及其定型化》，载《中国法学》2021年第6期。

施领导①。这决定了党的领导权和国家权力具有内在一致性。基于上述前提，环境法典需要也必须对其进行确认，即在"公权力主体"部分通过相应立法条款与生态环境党内法规制度进行连接，具体包括：

第一，针对生态环境保护行政权力配置的引致条款，即在环境法典管理体制及相应部门职责条款中增加一款，概括性地规定"国家有关规定对各级人民政府、相关部门生态环境保护职责做出明确要求的，依照其规定"②，使得中央和国家机关有关部门生态环境保护责任清单、生态环境保护监测监察执法垂直管理制度改革、特定对象生态环境保护职责的多部门整合、生态环境保护综合行政执法改革中的相应内容得以进入环境法典之中，但不对具体职责进行规定，以保障环境法典的稳定性。

第二，针对生态环境保护行政权力行使的引致条款和兜底条款，即在环境法典"政府生态环境保护职责行使与监督"条款中，增加一款规定"法律法规、国家有关规定之中以其他方式监督政府履行生态环境保护职责的，依照其规定"，同时具有引致条款和兜底条款的功能，将环境法典与生态环境党内法规制度保持紧密联系，也保障了环境法典的开放性，通过"预留管道"使得后续可能出现的生态文明体制改革创新措施得以进行环境法典规范整体之中。

第三，针对党政领导干部生态环境责任追究的引致条款，即在环境法典中增加一条，规定"生态环境损害责任的追究实行党政同责，坚持依法依规、客观公正、权责一致、终身追责的原则"，使得《党政领导干部生态环境损害责任追究办法(试行)》《关于全面加强生态环境保护 坚决打好污染防治攻坚战的意见》中的问责要求得以进入环境法典的整体法秩序，是对整体要求的指引性规定，而不是对具体内容进行规定。

---

① 唐小然、王振民：《宪法法律中"党的领导"》，载《国家检察官学院学报》2019 年第 2 期。

② 需要说明的是，为避免"党内法规"概念在不同语境中使用所可能产生的误解（关于"党内法规"在内涵外延上的不同理解，参见王立峰：《法政治学视域下党内法规和国家法律的衔接与协调》，载《吉林大学社会科学学报》2019 年第 3 期），同时考虑到生态环境党内法规制度均属于"党政联合发文"，本书主张在环境法典立法条文中用"国家有关规定"加以指称，后面用法相同。

三、在环境法典"私主体权利义务"部分设立引致条款

环境法典中"私主体权利义务"部分，涉及各类企业事业单位、社会组织、公民个人在生态环境保护领域的权利与义务。一般来说，党的领导作为一项特殊公权力，不直接介入私主体权利义务领域，环境法典本部分规定也就不涉及生态环境党内法规制度。然而也应当注意到，不能机械地将各类私主体环境权利与义务视为"个人"利益，它们同样具有相当的公共性。有学者即指出：在现代社会中，公民自由虽然与个人权利部分相吻合，但它们更多地属于各种社会和公共利益方面的权利，不仅仅是个人利益方面的权利。① 前文已经强调生态环境保护的政治性和公共性特质，这决定了生态环境保护领域各类私主体权利与义务具有复合性，不同程度地涉及相应公共利益，不应完全由个人意志来决定权利义务的行使。这是现代环境治理融合公法与私法两大机制的必然要求②。此时，生态环境党内法规制度在个别领域对私人权利义务进行的调整（如前述生态保护红线制度对私主体义务的规定），有必要通过引致条款指引到环境法典之中。具体表述可概括规定为"国家有关规定另有要求的，依照其规定"，实现生态环境党内法规制度和环境法典的有效连接。

四、设立生态环境保护督察的专门条款

生态环境保护督察是党中央、国务院为加强生态环境保护工作采取的一项重大改革举措和制度创新，是贯彻落实习近平生态文明思想的重要平台与关键举措，意义十分重大。③ 从前文分析可知，其由中央层面党内法规（2019 年中办、国办《中央生态环境保护督察工作规定》，2022 年中办、国办《中央生态环境保护督察整改工作办法》）对各级党政部门以及特定法人行为提出规范性要求，并设立

---

① ［英］沃克：《牛津法律大辞典》，李双元等译，光明日报出版社 1988 年版，第 164 页。

② 杜辉：《公私交融秩序下环境法的体系化》，载《南京工业大学学报（社会科学版）》2020 年第 4 期。

③ 李干杰：《依法推动中央生态环境保护督察向纵深发展》，载《人民日报》2019 年 6 月 18 日，第 2 版。

专职督察机构加以实施。各省也相继出台专门的地方性党内法规加以进一步落实。考虑到生态环境保护督察在生态文明体制改革乃至生态环境治理体系中不可替代的重要地位，同时也已经在实践中形成了完善的"中央–省"两级生态环境保护督察规范体系和组织机构，以党内法规方式构建了系统化的生态环境保护督察规范体系，对此环境法典中应通过专门条款加以确认和连接。该条款在性质上仍为引致条款，对生态环境保护督察制度进行原则性规定，但不涉及具体的制度内容。可表述为"国家实行中央、省级生态环境保护督察制度，设立专职督察机构，按照国家有关规定开展生态环境保护督察工作"。

参 考 文 献

一、著作

[1] 习近平：《论坚持全面依法治国》，中央文献出版社 2020 年版。

[2] 习近平：《习近平谈治国理政》(第一卷)，外文出版社 2018 年版。

[3] 习近平：《习近平谈治国理政》(第二卷)，外文出版社 2017 年版。

[4] 习近平：《习近平谈治国理政》(第三卷)，外文出版社 2020 年版。

[5] 习近平：《习近平谈治国理政》(第四卷)，外文出版社 2022 年版。

[6] 习近平：《习近平重要讲话单行本》，人民出版社 2021 年版。

[7] 习近平：《论把握新发展阶段、贯彻新发展理念、构建新发展格局》，中央文献出版社 2021 年版。

[8] 《习近平关于全面深化改革论述摘编》，中央文献出版社 2014 年版。

[9] 中共中央纪律检查委员会，中共中央文献研究室：《习近平关于严明党的纪律和规矩论述摘编》，中央文献出版社、中国方正出版社 2015 年版。

[10] 中共中央文献研究室：《习近平关于全面依法治国论述摘编》，中央文献出版社 2015 年版。

[11] 中共中央文献研究室：《十八大以来重要文献选编》，中央文献出版社 2014 年版。

[12] 中共中央文献研究室、中央档案馆编：《建党以来重要文献选编(一九二一——一九四九)：第十五册》，中央文献出版社 2011 年版。

[13] 中共中央党校(国家行政学院)：《习近平新时代中国特色社会主义思想基本问题》，人民出版社 2020 年版。

[14] 中共中央宣传部、中央全面依法治国委员会办公室：《习近平法治思想学习

纲要》，人民出版社 2021 年版。

［15］中共中央文献编辑委员会编：《习近平著作选读》（第二卷），人民出版社 2023 年版。

［16］中共中央文献编辑委员会编：《习近平著作选读》（第二卷），人民出版社 2023 年版。

［17］中共中央办公厅法规局：《中国共产党党内法规制定条例及相关规定释义》，法律出版社 2020 年版。

［18］《十九大以来重要文献选编》，中央文献出版社 2021 年版。

［19］《二十大以来重要文献选编》，中央文献出版社 2024 年版。

［20］《马克思恩格斯全集》（第三卷），人民出版社 2002 年版。

［21］《马克思恩格斯选集》（第四卷），人民出版社 2012 年版。

［22］李龙：《宪法基础理论》，武汉大学出版社 1999 年版。

［23］吕忠梅：《环境法导论》（第三版），北京大学出版社 2015 年版。

［24］陈新民：《德国公法学基础理论》（增订新版·上卷），法律出版社 2010 年版。

［25］刘圣中：《当代中国公共行政的组织基础》，复旦大学出版社 2013 年版，第 152 页。

［26］欧爱民：《党内法规与国家法律关系论》，社会科学文献出版社 2018 年版，第 189 页。

［27］宋功德、张文显主编：《党内法规学》，高等教育出版社 2020 年版。

［28］宋功德：《党规之治》，法律出版社 2015 年版。

［29］汪劲：《环境法学》（第四版），北京大学出版社 2018 年版。

［30］汪劲等：《环保法治三十年：我们成功了吗》，北京大学出版社 2011 年版。

［31］王振民、施新洲等：《中国共产党党内法规研究》，人民出版社 2016 年版。

［32］许崇德：《中华人民共和国宪法史》，福建人民出版社 2003 年版。

［33］俞可平：《政治学通论》，当代世界出版社 2002 年版。

［34］张翔：《宪法释义学：原理·技术·实践》，法律出版社 2013 年版。

［35］周旺生：《立法学》，法律出版社 2000 年版。

［36］陈海嵩：《中国环境法治转型的规范阐释》，社会科学文献出版社 2022

年版。

[37]［奥］凯尔森：《法与国家的一般理论》，沈宗灵译，中国大百科全书出版社 1996 年版。

[38]［德］康德：《历史理性批判文集》，何兆武译，商务印书馆 1996 年版。

[39]［德］康拉德·黑塞：《联邦德国宪法纲要》，李辉译，商务印书馆 2007 年版。

[40]［德］卡尔·拉伦茨：《法学方法论》，陈爱娥译，商务印书馆 2003 年版。

[41]［德］施密特·阿斯曼：《秩序理念下的行政法体系建构》，林明锵等译，北京大学出版社 2012 年版。

[42]［美］莱斯利·里普森，刘晓等译：《政治学的重大问题——政治学导论》（第十版），华夏出版社 2001 年版。

[43]［美］诺思：《制度、制度变迁与经济绩效》，杭行译，格致出版社 2008 年版。

[44]［瑞典］托马斯·思德纳：《环境与自然资源管理的政策工具》，张蔚文、黄祖辉译，上海人民出版社 2005 年版。

[45]［英］戴维·米勒、韦农·波格丹诺：《布莱克维尔政治学百科全书》，中国政法大学出版社 1992 年版。

[46]［英］沃克：《牛津法律大辞典》，李双元等译，光明日报出版社 1988 年版。

二、论文

[1] 习近平：《坚持和完善中国特色社会主义制度推进国家治理体系和治理能力现代化》，载《求是》2020 年第 1 期。

[2] 习近平：《在"不忘初心、牢记使命"主题教育总结大会上的讲话》，载《求是》2020 年第 13 期。

[3] 习近平：《在庆祝中国共产党成立 100 周年大会上的讲话》，载《求是》2021 年第 14 期。

[4] 习近平：《坚定不移走中国特色社会主义法治道路，为全面建设社会主义现代化国家提供有力法治保障》，载《求是》2021 年第 5 期。

[5] 习近平：《为实现党的二十大确定的目标任务而团结奋斗》，载《求是》2023

年第 1 期。

[6] 常纪文：《全面系统完善我国生态文明党内法规体系》，载《中国环境管理》2022 年第 3 期。

[7] 常纪文：《中央生态环境保护督察的历史贡献、现实转型与改革建议》，载《党政研究》2019 年第 6 期。

[8] 陈海嵩：《雾霾应急的中国实践与环境法理》，载《法学研究》2016 年第 4 期。

[9] 陈海嵩：《环保督察制度法治化：定位、困境及其出路》，载《法学评论》2017 年第 3 期。

[10] 陈海嵩：《环境权实证效力之考察：以宪法环境权为中心》，载《中国地质大学学报(社会科学版)》2016 年第 4 期。

[11] 陈海嵩：《生态环境政党法治的生成及其规范化》，载《法学》2019 年第 5 期。

[12] 陈海嵩：《生态文明体制改革的环境法思考》，载《中国地质大学学报(社会科学版)》2018 年第 2 期。

[13] 陈海嵩：《我国环境监管转型的制度逻辑》，载《法商研究》2019 年第 5 期。

[14] 陈海嵩：《中国环境法治的体制性障碍及治理路径——基于中央环保督察的分析》，载《法律科学》2019 年第 4 期。

[15] 陈海嵩：《中国环境法治中的政党、国家与社会》，载《法学研究》2018 年第 3 期。

[16] 陈海嵩：《生态环境保护督察规范体系及其构造探析》，载《武汉大学学报(哲学社会科学版)》2023 年第 5 期。

[17] 陈松友、周慧红：《党内监督与其他各类监督贯通协调：意义、逻辑和路径》，载《行政论坛》2023 年第 3 期。

[18] 陈涛、郭雪萍：《显著性绩效与结构性矛盾——中国环境治理绩效的一项总体分析》，载《南京工业大学学报(社会科学版)》2020 年第 6 期。

[19] 陈叙图等：《法国国家公园体制改革的动因、经验及启示》，载《环境保护》2017 年第 19 期。

[20] 陈玉山：《论国家根本任务的宪法地位》，载《清华法学》2012 年第 5 期。

[21] 戴秀丽、周晗隽：《我国国家公园法律管理体制的问题及改进》，载《环境

保护》2015 年第 14 期。

[22] 丁霖：《论生态环境治理体系现代化与环境行政互动式执法》，载《政治与法律》2020 年第 5 期。

[23] 封丽霞：《党政联合发文的制度逻辑及其规范化问题》，载《法学研究》2021 年第 1 期。

[24] 付子堂、张善根：《地方法治建设及其评估机制探析》，载《中国社会科学》2014 年第 11 期。

[25] 公丕祥：《马克思的法律发展思想及其当代意义》，载《中国社会科学》2017 年第 10 期。

[26] 顾培东：《中国法治的自主型进路》，载《法学研究》2010 年第 1 期。

[27] 过勇、张鹏：《党和国家监督体系：系统建构与集成创新》，载《治理研究》2023 年第 4 期。

[28] 韩艺、谢婷、刘莎莎：《中央环保督察效用逻辑中的地方政府环境治理行为调适》，载《中国人口·资源与环境》2021 年第 5 期。

[29] 何伦坤：《软法治理视角下党内法规的实施困境及其突破》，载《理论导刊》2022 年第 8 期。

[30] 何艳玲、汪广龙：《中国转型秩序及其制度逻辑》，载《中国社会科学》2016 年第 6 期。

[31] 黄鑫：《我国生态环境治理的逻辑溯源与规范路径——基于政党法治与国家法治的双重维度》，载《广西社会科学》2020 年第 10 期。

[32] 季卫东：《法律程序的意义》，载《中国社会科学》1993 年第 1 期。

[33] 金成波：《论党内法规实施体系的构建》，载《中共中央党校学报》2021 年第 1 期。

[34] 金国坤：《党政机构统筹改革与行政法理论的发展》，载《行政法学研究》2018 年第 5 期。

[35] 雷磊：《法的渊源：一种新的分类法及其在中国语境中的应用》，载《河北法学》2021 年第 11 期。

[36] 雷磊：《重构"法的渊源"范畴》，载《中国社会科学》2021 年第 6 期。

[37] 李广德、王晨光：《党内权力监督法治化的法理论证》，载《马克思主义与

现实》2018 年第 1 期。

[38] 李桂林：《实质法治：法治的必然选择》，载《法学》2018 年第 7 期。

[39] 李龙、李慧敏：《政策与法律的互动谐变关系探析》，载《理论与改革》2017 年第 1 期。

[40] 林蓉蓉、谷志军：《从文本质量到实施效果：党内法规实施后评估指标体系的构建》，载《探索》2020 年第 3 期。

[41] 刘启川：《责任清单编制规则的法治逻辑》，载《中国法学》2018 年第 5 期。

[42] 刘少华、陈荣昌：《新时代环境问责的法治困境与制度完善》，载《青海社会科学》2021 年第 4 期。

[43] 刘小冰：《生态环境法律制度试点的作用机理、问题识别与完善路径》，载《南京工业大学学报(社会科学版)》2021 年第 6 期。

[44] 刘作翔：《当代中国的规范体系：理论与制度结构》，载《中国社会科学》2019 年第 7 期。

[45] 娄成武、韩坤：《嵌入与重构：中央环保督察对中国环境治理体系的溢出性影响——基于央地关系与政社关系的整体性视角分析》，载《中国地质大学学报(社会科学版)》2021 年第 5 期。

[46] 吕忠梅、田时雨：《在习近平法治思想指引下建设生态文明法治体系》，载《法学论坛》2021 年第 2 期。

[47] 吕忠梅：《"生态环境损害赔偿"的法律辨析》，载《法学论坛》2017 年第 3 期。

[48] 吕忠梅：《监管环境监管者：立法缺失及制度构建》，载《法商研究》2009 年第 5 期。

[49] 吕忠梅：《习近平法治思想的生态文明法治理论》，载《中国法学》2021 年第 1 期。

[50] 吕忠梅：《中国环境法典的编纂条件与基本定位》，载《当代法学》2021 年第 6 期。

[51] 吕忠梅：《中国环境司法现状调查》，载《法学》2011 年第 4 期。

[52] 毛益民、叶梦津：《中央环保督察何以赋能地方绿色治理——一项多案例研究》，载《南京工业大学学报(社会科学版)》2022 年第 6 期。

[53] 门中敬：《我国政府架构下的权力配置模式及其定型化》，载《中国法学》2021 年第 6 期。

[54] 孟欣然：《党政联合发文规范属性探析》，载《浙江学刊》2022 年第 1 期。

[55] 欧爱民：《党内法规的双重特性》，载《湖湘论坛》2018 年第 3 期。

[56] 欧爱民、李丹：《党内法规法定概念之评述与重构》，载《湘潭大学学报(哲学社会科学版)》2018 年第 1 期。

[57] 欧爱民、赵筱芳：《论党内法规的识别标准》，载《湖南科技大学学报(社会科学版)》2019 年第 1 期。

[58] 欧爱民、赵筱芳：《论党内法规清理的功能、困境与出路》，载《上海政法学院学报(法治论丛)》2019 年第 3 期。

[59] 欧爱民、何静：《党内法规的执行构成及其要素优化》，载《河南社会科学》2020 年第 8 期。

[60] 欧爱民、向嘉晨：《党的领导法治化的复合模式及其实施路径》，载《吉首大学学报(社会科学版)》2020 年第 2 期。

[61] 欧爱民、李丹：《混合性党规的正当性证成与适用范围——党政联合制定党规的一种理论回应》，载《中南大学学报(社会科学版)》2020 年第 1 期。

[62] 欧爱民、贺丽：《正当性、类型与边界——党内法规溢出效力的理论建构》，载《湘潭大学学报(哲学社会科学版)》2020 年第 4 期。

[63] 欧爱民、陈淑霄：《新时代党内法规备案审查制度升级的四个面向》，载《法治现代化研究》2021 年第 4 期。

[64] 彭小龙：《规范多元的法治协同：基于构成性视角的观察》，载《中国法学》2021 年第 5 期。

[65] 彭中遥：《民法典中生态环境损害代修复制度之探析》，载《中国高校社会科学》2022 年第 1 期。

[66] 彭中遥：《生态环境损害救济机制的体系化构建》，载《北京社会科学》2021 年第 9 期。

[67] 强世功：《从行政法治国到政党法治国》，载《中国法律评论》2016 年第 3 期。

[68] 秦前红、刘怡达：《中国现行宪法中"党的领导"规范》，载《法学研究》2019

年第 6 期。

[69] 秦前红、苏绍龙:《党内法规与国家法律衔接和协调的基准与路径》,载《法律科学》2016 年第 5 期。

[70] 秦前红、张晓瑜:《对党内法规溢出效力的省思与回应》,载《党内法规理论研究》2021 年第 1 辑。

[71] 秦天宝:《论我国国家公园立法的几个维度》,载《环境保护》2018 年第 1 期。

[72] 商继政、戴靓:《论党内法规实施体系的建构及实践进路》,载《四川师范大学学报(社会科学版)》2020 年第 4 期。

[73] 盛明科、岳洁:《生态治理体系现代化视域下地方环境治理逻辑的重塑——以环保督察制度创新为例》,载《湘潭大学学报(哲学社会科学版)》2022 年第 3 期。

[74] 史际春:《法的政策化与政策法治化》,载《经济法论丛》2018 年第 1 期。

[75] 苏杨等:《加拿大国家公园体制对中国国家公园体制建设的启示》,载《环境保护》2017 年第 20 期。

[76] 谭冰霖:《环境规制的反身法路向》,载《中外法学》2016 年第 6 期。

[77] 唐辉、杨海莺:《论"五位一体"总体布局中的生态文明建设》,载《社会主义研究》2022 年第 5 期。

[78] 唐小然、王振民:《宪法法律中"党的领导"》,载《国家检察官学院学报》2019 年第 2 期。

[79] 屠凯:《党内法规的二重属性》,载《中共浙江省委党校学报》2015 年第 5 期。

[80] 王婵、肖金明:《党内规范性文件的概念、属性、定位》,载《中共天津市委党校学报》2019 年第 5 期。

[81] 王建芹、刘丰豪:《党内法规实施后评估范围的若干问题研究》,载《河南社会科学》2020 年第 6 期。

[82] 王建芹、刘丰豪:《党内法规实施后评估主体多元化问题研究》,载《浙江学刊》2021 年第 1 期。

[83] 王锴、于洁:《论党内法规的法源属性》,载《理论与改革》2020 年第 6 期。

[84] 王蕾：《自然保护区就是禁止开发区吗?》，载《自然资源学报》2009 年第
      8 期。

[85] 王立峰、李洪川：《党内法规的三重属性》，载《学习与实践》2021 年第
      1 期。

[86] 王立峰：《法政治学视域下党内法规和国家法律的衔接与协调》，载《吉林
      大学社会科学学报》2019 年第 3 期。

[87] 王浦劬：《当代中国治理的党政结构和功能机制》，载《中国社会科学》2019
      年第 1 期。

[88] 王若磊：《依规治党与依法治国的关系》，载《法学研究》2016 年第 6 期。

[89] 王伟国：《国家治理体系视角下党内法规研究的基础概念辨析》，载《中国
      法学》2018 年第 2 期。

[90] 吴卫星：《生态危机的宪法回应》，载《法商研究》2006 年第 5 期。

[91] 吴英姿：《调解优先：改革范式与法律解读》，载《中外法学》2013 年第
      3 期。

[92] 肖金明：《为全面法治重构政策与法律关系》，载《中国行政管理》2013 年第
      5 期。

[93] 徐航：《稳步有序推进生态环境法典编纂工作》，载《中国人大》2023 年第
      24 期。

[94] 徐祥民：《对修改〈大气污染防治法〉着力点的思考》，载《中国人口·资源
      与环境》2017 年第 9 期。

[95] 徐以祥：《〈民法典〉中生态环境损害责任的规范解释》，载《法学评论》2021
      年第 2 期。

[96] 闫映全：《党内法规"溢出效力"的三重维度》，载《广西社会科学》2021 年
      第 12 期。

[97] 姚建宗：《法律的政治逻辑阐释》，载《政治学研究》2010 年第 2 期。

[98] 姚建宗：《论法律与政治的共生：法律政治学导论》，载《学习与探索》2010
      年第 4 期。

[99] 伊士国、郭康：《论党内法规实施后评估指标体系之构建》，载《政法论丛》
      2019 年第 4 期。

[100] 郁建兴、刘殷东：《纵向政府间关系中的督察制度：以中央环保督察为研究对象》，载《学术月刊》2020 年第 7 期。

[101] 曾刚、周全：《党内法规评估机制系统性建构》，载《行政与法》2020 年第 8 期。

[102] 张海涛：《"国家法律高于党内法规"的理论反思与关系重构》，载《湖北社会科学》2020 年第 3 期。

[103] 张海涛：《论党政联合发文的规范性质》，载《党内法规理论研究》2021 年第 1 期。

[104] 张海涛：《政治与法律的耦合结构：党内法规的社会系统论分析》，载《交大法学》2018 年第 1 期。

[105] 张敬华：《党内法规和行政法规使用名称辨析》，载《秘书工作》2014 年第 10 期。

[106] 张文显：《法治与国家治理现代化》，载《中国法学》2014 年第 4 期。

[107] 张文显：《习近平法治思想的实践逻辑、理论逻辑与历史逻辑》，载《中国社会科学》2021 年第 3 期。

[108] 张文显：《在新的历史起点上推进中国特色法学体系构建》，载《中国社会科学》2019 年第 10 期。

[109] 张翔：《环境宪法的新发展及其规范阐释》，载《法学家》2018 年第 3 期。

[110] 张翔：《机动车限行、财产权限制与比例原则》，载《法学》2015 年第 2 期。

[111] 张禹、欧爱民、范晓珲等：《〈中央党内法规制定工作规划纲要（2023—2027 年）〉解读（笔谈）》，载《党内法规研究》2023 年第 3 期。

[112] 张梓太、程飞鸿：《索赔与问责：生态环境损害赔偿制度设计的两难选择》，载《中国应用法学》2019 年第 1 期。

[113] 章志远：《从立规论到释规论：党内法规研究范式的时代转向》，载《东岳论丛》2021 年第 6 期。

[114] 章志远：《党内法规体系形成后时代的发展任务》，载《暨南学报（哲学社会科学版）》2021 年第 12 期。

[115] 章志远：《论党内法规学与行政法学的融合发展》，载《江汉论坛》2024 年第 6 期。

[116] 郑毅：《论中央与地方关系中的"积极性"与"主动性"原则》，载《政治与法律》2019 年第 3 期。

[117] 周建国、曹新富：《基于治理整合和制度嵌入的河长制研究》，载《江苏行政学院学报》2020 年第 3 期。

[118] 周叶中：《关于中国共产党党内法规建设的思考》，载《法学论坛》2011 年第 4 期。

[119] 周叶中：《关于中国共产党党内法规体系化的思考》，载《武汉大学学报（哲学社会科学版）》2017 年第 5 期。

[120] 周叶中、汤景业：《论宪法与党章的关系》，载《中共中央党校学报》2017 年第 3 期。

[121] 周叶中、邓书琴：《论中国共产党党内法规的价值取向——以党员义务和党员权利为视角》，载《中共中央党校学报》2018 年第 4 期。

[122] 周叶中、邵帅：《论中国共产党党内法规的效力》，载《中国法律评论》2021 年第 3 期。

[123] 周叶中、陈若琪：《论社会主义道德是党内法规的伦理基础》，载《河南社会科学》2023 年第 9 期。

[124] 周叶中、陈若琪：《习近平关于党章重要论述的核心要义》，载《中共中央党校（国家行政学院）学报》2023 年第 4 期。

[125] 周叶中、邵帅：《论党内法规学科的体系化构建》，载《法学论坛》2023 年第 5 期。

[126] 朱福惠、龚进之：《宪法序言的特殊功能及其法律效力》，载《江苏行政学院学报》2017 年第 1 期。

[127] 朱福惠、张明：《习近平法治思想中的党内法规实施理论及其实践》，载《法治现代化研究》2021 年第 2 期。

[128] 朱军、杜群：《党内法规视域下生态环境保护法律责任与政治责任的功能协同》，载《理论月刊》2021 年第 10 期。

[129] 竺效、邱涛韬：《区域环保督察的功能定位及制度完善》，载《治理研究》2022 年第 1 期。

[130] 竺效：《机动车单双号常态化限行的环境法治之辨》，载《法学》2015 年第 2 期。

三、重要报纸

[1] 习近平：《坚决打好污染防治攻坚战 推动生态文明建设迈上新台阶》，载《人民日报》2018 年 5 月 20 日，第 1 版。

[2]《习近平谈生态文明 10 大金句》，载《人民日报（海外版）》2018 年 5 月 23 日，第 5 版。

[3] 习近平：《高举中国特色社会主义伟大旗帜 为全面建设社会主义现代化国家而团结奋斗》，载《人民日报》2022 年 10 月 26 日，第 1 版。

[4] 中共中央办公厅法规局：《中国共产党党内法规体系》，载《人民日报》2021 年 8 月 4 日，第 1 版。

[5] 顾洁颖：《"交树交印"制度的启示》，载《光明日报》2023 年 3 月 18 日，第 2 版。

[6] 李干杰：《依法推动中央生态环境保护督察向纵深发展》，载《人民日报》2019 年 6 月 18 日，第 2 版。

[7] 刘毅、寇江泽：《推动生态文明建设不断取得新成效》，载《人民日报》2022 年 7 月 7 日，第 1 版。

[8] 毛佩瑾：《进一步提升生态治理效能》，载《学习时报》2020 年 3 月 9 日，第 5 版。

[9] 郄建荣：《环保部：党内环保法规和政策制定成一大亮点》，载《法制日报》2017 年 8 月 22 日，第 2 版。

[10] 孙金龙：《我国生态文明建设发生历史性转折性全局性变化》，载《人民日报》2020 年 11 月 20 日，第 9 版。

[11] 王昆婷、童克难：《注重条块结合 强化履职尽责——解读〈关于省以下环保机构监测监察执法垂直管理制度改革试点工作的指导意见〉》，载《中国环境报》2016 年 9 月 23 日，第 1 版。

[12] 徐显明：《建设德才兼备的高素质法治工作队伍》，载《法制日报》2019 年 5

月 24 日，第 1 版。

［13］赵贝佳：《有关部门负责人和专家学者解读"生态文明入宪"》，载《人民日报》2018 年 3 月 31 日，第 2 版。

［14］周叶中：《充分发挥党内法规制度优势》，载《人民日报》2021 年 8 月 31 日，第 9 版。

后　记

　　毋庸置疑，中国环境法治正处在全面转型与创新的历史性过程之中，特别是生态环境法典编纂工作已经正式启动，这为环境法学研究提供了历史性机遇与挑战，需要对各种实践措施加以总结、概括并进行学术分析，为广泛多样的环境法律现象提供学理支撑。在这一过程之中，对学术研究提出最为核心的任务是充分整理吸收近年来生态文明建设与体制改革的实践经验，在理论上加以提炼和概括，在宪法所确立的价值秩序内实现法律实践和法学理论相互影响、相互检验、相互促进。

　　显而易见，党的领导是决定中国环境法治转型发展的核心要素。未来中国环境法治的进一步发展以及生态环境法典编纂，必然是以规范的方式进一步充分体现执政党对环境法治建设的领导作用。从2017年起，笔者即围绕这一方向展开系列研究，将政党因素纳入环境法基础理论研究的范畴，提出：政党、国家、社会是影响中国环境法治的核心要素，"政党-国家-社会"关系决定了中国环境法治的基本架构及理论内核。在这一理论框架下，需要继续对执政党领导环境法治建设的具体方式和制度措施加以研讨，生态环境党内法规制度即为其中最具代表性的领域。本书立足于中国特色社会主义法治体系以及中国环境法治发展的总体背景，坚持"法言法语"，充分注重跨学科知识和方法的运用，对生态环境党内法规制度的重点问题进行了集中分析，包括：生态环境党内法规制度的形成与规范效力；生态环境党内法规制度的规范内涵；生态环境保护督察制度的规范分析；生态环境党内法规的实施及保障机制；生态环境党内法规制度纳入环境法典的规范方案。

　　本书的部分内容，曾在《法商研究》《法学论坛》《武汉大学学报（哲学社会科学版）》《南京工业大学学报（社会科学版）》《党内法规研究》等期刊上发表，感谢各位编辑老师对本领域研究的支持。本书的整理和第三章、第五章的部分内容，得到武汉大学环境法研究所吕芝慧博士生的协助，在此表示谢意。本书内容和观点，曾在武汉大学党内法规研究中心所主办的会议中进行多次交流，感谢中心的支持以及各位专家所提出的宝贵建议。

　　在研究的过程中，笔者深深感受到生态环境党内法规制度作为新兴交叉领域的特点和挑战：一是法学和政治学的交叉，需要在不同的话语体系不停切换，以规范的方式充分体现执政党对环境法治建设的领导作用；二是环境法学和党内法规学的交叉，需要对现实中的环境法律实践进行充分的审视，显示实践对党内法规理论提出的挑战和任务，通过回应现实问题对相关学说予以完善，也为环境法律实践活动加以引导与规范。面对不断发展革新的生态文明体制改革进程，本书并不能涵盖生态环境党内法规制度所蕴含的丰富内容，更多是一种尝试，以期引起更多同仁重视并共同推进相关研讨。期待更为激烈的讨论！

陈海嵩

2024 年 9 月 7 日于珞珈山